BIBLE in Hand 교양인을 위한 성경

신약 | 에베소서·빌립보서·골로새서·데살로니가전후서·
디모데전후서·디도서·빌레몬서

살며, 사랑하며, 지키며

해제 **권연경**

뵈다 프로젝트

해제 **권연경** | 숭실대학교 기독교학과 교수

서울대학교 영어영문학과를 졸업하고, 풀러신학교(M.Div.)와
예일대학교 신학부(S.T.M.)를 거쳐 런던대학교 킹스칼리지에서
박사학위(Ph.D.)를 받았다. 현재 숭실대학교 기독교학과 교수로 재직하고 있으며,
기독연구원 느헤미야 연구위원을 맡고 있다. 지은 책으로는 〈위선〉(IVP),
〈로마서 산책〉 〈갈라디아서 산책〉(복있는사람),
〈행위 없는 구원?〉 〈네가 읽는 것을 깨닫느뇨?〉(이상 SFC출판부),
〈갈라디아서 어떻게 읽을 것인가〉(성서유니온),
〈로마서 13장 다시 읽기〉(뉴스앤조이) 등이 있으며, 〈일상, 부활을 살다〉(복있는사람),
〈IVP 성경신학사전〉 〈예수의 정치학〉(이상 IVP, 공역),
〈기독교와 문학〉(크리스천다이제스트) 등을 우리말로 옮겼다.

추천사

믿음에 관심이 있거나 새로 예수를 믿게 된 사람들이 성경을 읽어야 하는데, 이때 전권을 주고 읽으라고 하면 질려서 잘 읽지를 못한다. 이런 사람들에게 이 책을 권하면 좋을 것 같다. 새번역을 사용하고 있고, 읽으면서 생길 수 있는 질문에 답을 주는 짧은 주석이 붙어 있어서 재미있게 읽을 수 있기 때문이다. 이 낱권 성경책은 특별히 비신자 전도에 집중하는 가정교회에서 잘 활용할 수 있을 것이다. 처음 성경을 접하는 분들이 성경을 쉽게 이해하고, 성경 읽는 데 자신감이 생길 것이다.

_ **최영기** | 휴스턴서울교회 은퇴목사, 국제가정교회사역원 초대원장

베스트셀러를 주로 읽는 요즘 사람들은 정작 인류 최고의 베스트셀러인 성경에는 무지하다. 일반인들이 성경을 읽으려면 먼저 성경은 종교적 경전의 모양새에서 벗어나야 한다. 이 책은 바로 그런 목적으로 출간되었다. 이제 종교적인 편견을 버리고 성경을 읽고, 세계 시민에 걸맞은 교양을 가져보자.

_ **방선기** | 일터개발원 이사장

거룩할 '성'과 날 '경' 자로 구성된 성경(聖經)은 우리 삶이 혼돈의 심연으로 빠져들지 않도록 지켜주는 수직의 중심이다. 사람들이 성경에는 오류가 없어야 한다고 믿는 것은 그 때문이다. 성경을 읽다가 모순되는 지점을 발견하는 순간 경건한 사람들은 마치 연모하던 이의 비밀스러운 모습을 본 것처럼 민망해한다. 기독교에 대해 반감을 가진 이들은 '잘코사니!' 하면서 공격의 빌미를 삼는다. 민망해할 것도 없고, 쾌재를 부를 것도 없다. 김근주 교수와 권연경 교수의 안내를 받아 성경 속을 거닐다 보면 그 모순 속에 담긴 삶의 심오함에 가 닿을 것이다. 교회 밖의 사람들은 물론이고 기독교인에게도 이 책은 좋은 길잡이가 되어주리라 믿는다.

_ **김기석** | 청파교회 담임목사

일러두기

01

이 책에 사용된 한글 번역본은 대한성서공회의 허락을 받아 〈성경전서 새번역〉(2001년)을 사용했습니다.
기독교 성서를 번역, 출판, 반포하는 대한성서공회는 〈성경전서 새번역〉에 대해 "원문의 뜻을 우리말 독자들이 이해할 수 있도록 정확하게 번역하고, 쉬운 현대어로, 우리말 어법에 맞게, 한국교회에서 사용할 수 있도록 번역된 성경"이며, "번역이 명확하지 못했던 본문과 의미 전달이 미흡한 본문은 뜻이 잘 전달되도록 고쳤다. 할 수 있는 대로 번역어투를 없애고, 뜻을 우리말로 표현하려고 노력했다. 그러나 신학적으로 중요한 본문에서는 원문을 그대로 반영하려고 노력했다. 대화문에서는 현대 우리말 존대법을 적용했다"고 밝히고 있습니다.

02

성경 본문 하단은 성경을 읽으면서 생기는 궁금한 내용에 대해 질문과 해제 형식으로 담아냈습니다. 질문은 편집부에서 만들고, 해제는 구약성경은 김근주 교수(기독연구원 느헤미야), 신약성경은 권연경 교수(숭실대 기독교학과)가 맡았습니다.

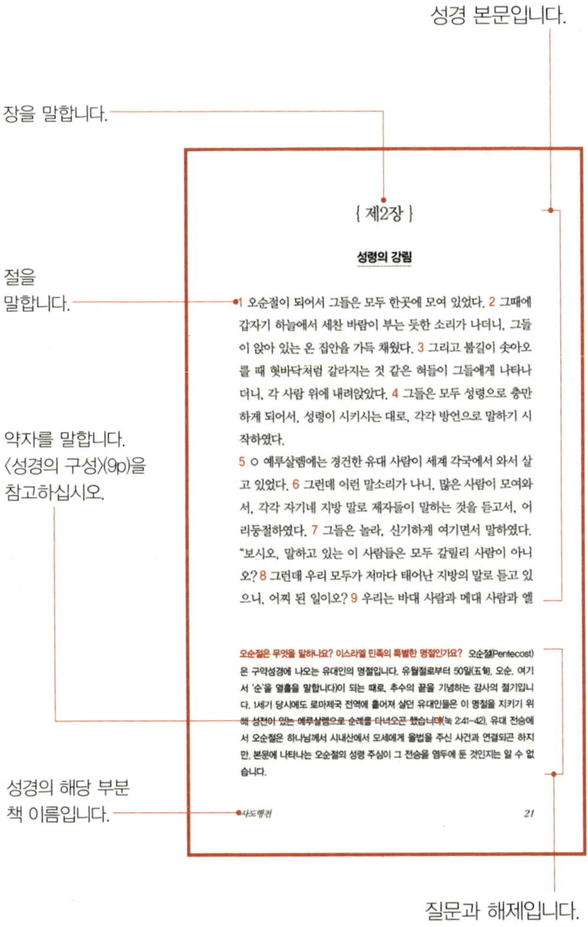

{ 제2장 }

성령의 강림

1 오순절이 되어서 그들은 모두 한곳에 모여 있었다. 2 그때에
갑자기 하늘에서 세찬 바람이 부는 듯한 소리가 나더니, 그들
이 앉아 있는 온 집안을 가득 채웠다. 3 그리고 불길이 솟아오
를 때 혓바닥처럼 갈라지는 것 같은 혀들이 그들에게 나타나
더니, 각 사람 위에 내려앉았다. 4 그들은 모두 성령으로 충만
하게 되어서, 성령이 시키시는 대로, 각각 방언으로 말하기 시
작하였다.
5 ㅇ 예루살렘에는 경건한 유대 사람이 세계 각국에서 와서 살
고 있었다. 6 그런데 이런 말소리가 나니, 많은 사람이 모여와
서, 각각 자기네 지방 말로 제자들이 말하는 것을 듣고서, 어
리둥절하였다. 7 그들은 놀라, 신기하게 여기면서 말하였다.
"보시오, 말하고 있는 이 사람들은 모두 갈릴리 사람이 아니
오? 8 그런데 우리 모두가 저마다 태어난 지방의 말로 듣고 있
으니, 어찌 된 일이오? 9 우리는 바대 사람과 메대 사람과 엘

오순절은 무엇을 말하나요? 이스라엘 민족의 특별한 명절인가요? 오순절(Pentecost)은 구약성경에 나오는 유대인의 명절입니다. 유월절로부터 50일(五旬, 오순. 여기서 '순'을 열흘을 말합니다)이 되는 때로, 추수의 끝을 기념하는 감사의 절기입니다. 1세기 당시에도 로마제국 전역에 흩어져 살던 유대인들은 이 명절을 지키기 위해 성전이 있는 예루살렘으로 순례를 다녀오곤 했습니다(눅 2:41–42). 유대 전승에서 오순절은 하나님께서 시내산에서 모세에게 율법을 주신 사건과 연결되곤 하지만, 본문에 나타나는 오순절의 성령 주심이 그 전승을 염두에 둔 것인지는 알 수 없습니다.

사도행전 21

성경, 구약 39권 + 신약 27권

성경은 한 권의 책이 아닙니다. 기원전 1천 년 전부터 기원후 2세기에 이르기까지 아주 긴 시간 동안 쓰여진 다양한 책들의 묶음입니다. 성경은 66권의 책으로 구성되어 있습니다. 그 책들은 저자도, 내용도, 형식도, 분량도 모두 다릅니다. 성경은 크게 구약과 신약으로 구분되며, 구약은 39권, 신약은 27권으로 구성되어 있습니다.

또 성경에는 여러 종류의 번역판이 있는데, 이 책은 대한성서공회가 최근에 번역해 출간한 〈성경전서 새번역〉(2001년)을 채택하고 있습니다.

성경의 구성

구약

율법서	창세기(창) 출애굽기(출) 레위기(레) 민수기(민) 신명기(신)
역사서	여호수아기(수) 사사기(삿) 룻기(룻) 사무엘기상(삼상) 사무엘기하(삼하) 열왕기상(왕상) 열왕기하(왕하) 역대지상(대상) 역대지하(대하) 에스라기(라) 느헤미야기(느) 에스더기(더)
시가서	욥기(욥) 시편(시) 잠언(잠) 전도서(전) 아가(아)
대선지서	이사야서(사) 예레미야서(렘) 예레미야 애가(애) 에스겔서(겔) 다니엘서(단)
소선지서	호세아서(호) 요엘서(욜) 아모스서(암) 오바댜서(옵) 요나서(욘) 미가서(미) 나훔서(나) 하박국서(합) 스바냐서(습) 학개서(학) 스가랴서(슥) 말라기서(말)

신약

복음서	마태복음서(마) 마가복음서(막) 누가복음서(눅) 요한복음서(요)
역사서	사도행전(행)
바울서신	로마서(롬) 고린도전서(고전) 고린도후서(고후) 갈라디아서(갈) 에베소서(엡) 빌립보서(빌) 골로새서(골) 데살로니가전서(살전) 데살로니가후서(살후) 디모데전서(딤전) 디모데후서(딤후) 디도서(딛) 빌레몬서(몬)
공동서신	히브리서(히) 야고보서(약) 베드로전서(벧전) 베드로후서(벧후) 요한1서(요일) 요한2서(요이) 요한3서(요삼) 유다서(유)
예언서	요한계시록(계)

※괄호 안은 각 책을 줄여서 표기할 때 쓰는 약자입니다.

목차

에베소서

Ephesians

에베소서를 읽는 독자들에게

은혜, 복음을 올바르게 이해하는 핵심 열쇠

에베소서는 깊은 신학적 사색과
지극히 현실적인 충고를 하나로 엮습니다.
하나님의 계획과 뜻, 그리고 거기에서 드러나는 은혜의 주제는
복음을 올바르게 이해하는 핵심 열쇠입니다.
하나님께서는 우리를 거룩하고 흠이 없는 존재로 예정하셨고,
그리스도는 이를 위해 자신을 희생하셨으며,
바울은 바로 이 복음을 선포하도록 부르심을 받았습니다.
여기에서 거룩한 삶을 살라는 도덕적 당위가 흘러나옵니다.
신자의 거룩함은 구원의 부산물이 아니라, 하나님의 예정 혹은 구원 계획
그 자체의 완성으로 그려집니다.

일상적 대화가 아닌, 투옥된 사람의 편지

터키의 서쪽 해안에 자리한 에베소는 매우 유명한 항구도시로, 아르테미스 여신과 황제를 숭배하는 제의가 번성했습니다. 바울은 2차 선교여행 당시 이곳에 잠시 머물렀고(행 18:19–20), 이후 3차 선교여행 때 2년이라는 긴 시간을 머물며 복음을 전했습니다(행 19:1–20). "맹수와 싸웠다"라고 말할 정도로 힘겨운 선교였던 것 같습니다(고전 15:32). 고린도전서와 후서가 이곳에서 기록되었습니다(고전 16:8). 예루살렘을 향한 마지막 여정 때는 에베소 장로들과 만나 고별인사를 나누기도 했습니다(행 20:17–38).

에베소서는 바울의 '옥중서신'이지만, 투옥 장소나 정황에 관한 단서는 거의 없어서 역사적 상황을 알아내기는 어렵습니다. 하지만 우리가 읽는 이 편지가 일상적 대화가 아니라 처음부터 끝까지 죄수로 투옥된 사람의 말이라는 사실은 기억할 필요가 있습니다.

'에베소서'라 불리지만, 사실 편지 속에는 특정 공동체의 상황이 거의 나오지 않습니다. 실천적 교훈도 당시 어느 교회에나 적용 가능할 만큼 일반적입니다. 애초에 소아시아 지역 여러 교회를 위한 '회람 편지'로 작성된 것으로 보입니다. 오래된 사본에는 "에베소에 있는"이라는 표현이 없다는 점도 이런 추정을 뒷받침합니다. 그래서 에베소서는 여러 면에서 바울의 여

에베소서는 '창조 이전'에 이루어진 구원 계획의 시작부터 모든 것이 완성될 마지막까지 구원 드라마 전체를 조감도처럼 조망하며, 은혜로 다가오는 하나님의 구원 계획을 그려냅니다. 이 중심에는 자신 안에서 하늘과 땅의 모든 것을 통일하실 그리스도가 있습니다. 또 바울은 이 복음이 약속하는 구원의 소망, 그리고 이를 위해 주어지는 부활과 생명의 능력을 독자들이 더 깊이 깨닫도록 기도하고, 이는 자연스레 이 구원의 중심이신 그리스도에 관한 생각으로 이어집니다.

타 편지와는 사뭇 색다른 분위기를 자아냅니다.

하나님의 구원 계획을 그려내는, 구원 드라마의 조감도

에베소서는 '창조 이전'에 이루어진 구원 계획의 시작부터 모든 것이 완성될 마지막까지 구원 드라마 전체를 조감도처럼 조망하며, 은혜로 다가오는 하나님의 구원 계획을 그려냅니다(1:3-14). 이 중심에는 자신 안에서 하늘과 땅의 모든 것을 통일하실 그리스도가 있습니다(1:10). 또 바울은 이 복음이 약속하는 구원의 소망, 그리고 이를 위해 주어지는 부활과 생명의 능력을 독자들이 더 깊이 깨닫도록 기도하고, 이는 자연스레 이 구원의 중심이신 그리스도에 관한 생각으로 이어집니다(1:15-21).

또 하나님의 은혜로 주어진 구원을 가리키며, 이 은혜 속에 담긴 의중, 곧 새로운 존재로 살라는 하나님의 뜻을 되새깁니다(2:1-10). 더 나아가 하나님과의 관계 변화는 동시에 사회적, 교회적 관계 변화로 이어진다는 사실이 드러납니다. 보다 구체적으로 이는 유대인과 이방인 신자의 하나 됨이라는 깨달음이 되고, 온 교회가 성령 안에서 하나의 몸이라는 진리로 이어집니다(2:11-22).

이러한 보편적 복음을 맡은 사도로서 바울 자신의 역할에 대한 이야기도 매우 상세하게 나옵니다(3:1-13). 또한 자신의 역할에 관한 이야기는 다시 자신이 섬기는 신자들에 대한 간절한 기도가 됩니다(3:14-21). 보다 실천적인 권고에서는 교회의 하나 됨을 지켜야 할 필요성이 특별히 부각되고(4:1-16), 도덕적으로 새로운 존재가 되어야 할 필요성이 강하게 제시됩니다(4:17-5:20). 그리고 교회의 사회적 뼈대인 가정에서 각자의 자리에 어울리는 복음적 자태를 지키라는 권고가 등장합니다(5:21-6:9).

이후 종말론적, 영적 긴장을 느끼게 하는 바울의 마지막 권고가 이어지고(6:10-20), 마지막 인사와 더불어 편지가 마무리됩니다(6:21-24).

에베소서는 깊은 신학적 사색과 지극히 현실적인 충고를 하나로 엮습니다. 하나님의 계획과 뜻, 그리고 거기에서 드러나는 '은혜'의 주제는 복음을 올바르게 이해하는 핵심 열쇠입니다. 하나님께서는 우리를 "거룩하고 흠이 없는" 존재로 예정하셨고, 그리스도는 이를 위해 자신을 희생하셨으며, 바울은 바로 이 복음을 선포하도록 부르심을 받았습니다. 여기에서 거룩한 삶을 살라는 도덕적 당위가 흘러나옵니다. 신자의 거룩함은 구원의 부산물이 아니라, 하나님의 예정 혹은 구원 계획 그 자체의 완성으로 그려집니다(1:4-5; 5:25-27).

복음의 사회적 차원에 대한 강조도 인상적입니다(2:11-22). 당시 교회의 가장 큰 문제는 유대인 신자와 (후발 주자인) 비유대인 신자 사이의 차별이었습니다. 이방인의 사도로서 바울은 조건을 초월하는 하나님의 은혜, 그리고 반목의 벽을 허물고 '평화'를 조성하는 그리스도의 십자가를 강조하면서 비유대인 신자의 동등함을 역설합니다. 온 세상이 그리스도 안에서 하나가 될 것이라는 우주적 비전은 교회의 연합이라는 신학적 비전으로 구체화되고, 이는 다시 유대인과 비유대인의 실천적 유대라는 지극히 현실적인 움직임을 통해 구현됩니다. 가장 심오한 신학적 신념이 가장 현실적인 문제를 조명하는 빛이 됩니다.

당시 사회를 배경으로 한 다양한 실천적 권고들 속에는 사뭇 불편한 이야기들도 적지 않습니다. 종과 주인의 관계나 아내와 남편의 관계에 관한 권고들이 대표적 사례들입니다. 이런 이야기들은 오늘 우리의 상황에서 고대 문서인 성경을 하나님의 말씀으로 읽는다는 것이 무엇일지 생각하게 만듭니다. 쉽진 않지만, 책임 있는 성경 읽기를 위해서는 피할 수 없는 물음이기도 합니다.

{ 제1장 }

인사

1 하나님의 뜻으로 그리스도 예수의 사도가 된 나 바울이, [에
베소에 사는], 그리스도 예수를 믿는 성도들에게, 이 편지를
씁니다. 2 우리 아버지 하나님과 주 예수 그리스도께서 내려주
시는 은혜와 평화가 여러분에게 있기를 빕니다.

그리스도 안에 있는 영적인 복

3 ○ 우리 주 예수 그리스도의 아버지이신 하나님을 찬양합
시다. 하나님께서는 그리스도 안에서, 하늘에 속한 온갖 신령
한 복을 우리에게 주셨습니다. 4 하나님은 세상 창조 전에 그
리스도 안에서 우리를 택하시고 사랑해주셔서, 하나님 앞에

세상 창조 전에 우리를 택하고 사랑했다는 말은 무슨 뜻입니까? 우리가 태어나기 전부터 무언가 정해져 있었다는 말인가요? "세상 창조 전에"는 우리의 의지가 개입할 수 없는 상황입니다. 곧 선택이 오로지 하나님의 뜻에 따라 결정되었다는 의미를 전달합니다. "그리스도 안에서"라는 표현 역시 우리의 어떤 조건 때문이 아니라, 그리스도를 통해 주시는 하나님의 은혜로 이루어졌다는 뜻입니다. 우리의 조건을 따지고 잴 수 없는 상황에서, 하나님께서 선제적으로 우리를 선택하고 우리를 위한 뜻을 세우셨다는 것입니다. 그래서 바울은 이를 '미리 정하심', 곧 예정이라고 부릅니다. 이는 결정론적 사유의 표현이 아니라, 하나님을 믿는 사람으로서 하나님께서 이 세상과 우리를 향해 품으신 거대한 섭리적 계획을 표현하는 방식입니다. 이 예정의 내용은 우리가 하나님 앞에서 거룩하고 흠이 없는 존재, 곧 그분의 사랑받는 자녀가 되어야 한다는 것입니다. 이 초월적 의지에 대한 깨달음은 오늘 우리가 살아가는 삶에 의미를 부여하고, 우리가 지향해야 할 방향을 보여줍니다.

서 거룩하고 흠이 없는 사람이 되게 하셨습니다. 5 하나님은
하나님의 기뻐하시는 뜻을 따라 예수 그리스도를 통하여 우
리를 하나님의 자녀로 삼으시기로 예정하신 것입니다. 6 그
래서 하나님이 하나님의 사랑하시는 아들 안에서 우리에게
거저 주신 하나님의 영광스러운 은혜를 찬미하게 하셨습니
다. 7 우리는 이 아들 안에서 하나님의 풍성한 은혜를 따라
그의 피로 구속 곧 죄 용서를 받게 되었습니다. 8 하나님은
우리에게 모든 지혜와 총명을 넘치게 주셔서, 9 그리스도 안
에서 미리 세우신 하나님이 기뻐하시는 뜻을 따라 하나님의
신비한 뜻을 우리에게 알려주셨습니다. 10 하나님의 계획은,
때가 차면, 하늘과 땅에 있는 모든 것을 그리스도 안에서 그
분을 머리로 하여 통일시키는 것입니다. 11 하나님은 그리스
도 안에서 우리를 상속자로 삼으셨습니다. 이것은 모든 것을
자기의 원하시는 뜻대로 행하시는 분의 계획에 따라 미리 정
해진 일입니다. 12 그것은 그리스도께 맨 먼저 소망을 둔 우
리로 하여금 하나님의 영광을 찬미하는 사람이 되게 하시려

절마다 "아들 안에서", "그리스도 안에서"라는 말이 반복해서 나옵니다. 저자의 의도는 무엇인가요? 바울이 애용하는 표현으로, 구체적인 함의는 개별 맥락에 따라 달라집니다. 바울은 언제나 그리스도라는 안경으로 하나님을 생각합니다. 하나님께서 우리를 부르고 구원하시지만, 이는 언제나 "그리스도 안에서" 혹은 "그리스도를 통하여" 이루어집니다. 에베소서에서 이 표현을 사용할 때는 무엇보다 '은혜'라는 주제가 도드라집니다. 우리가 "그리스도 안에서" 부르심을 받았다는 것은 우리의 조건에 의해서가 아니라, 말하자면 "그리스도라는 마차에 무임승차했다"라는 말과 같습니다. 이런 깨달음은 우리 자신의 조건에 대한 무의미한 신뢰를 포기하게 만듭니다. 대신 조건 없이 그리스도 안에서 우리를 부르신 하나님의 뜻을 생각하고 그 뜻을 따라 살아가도록 부추깁니다. 새사람이 되어 새사람으로 살아가고자 하는 구원의 여정입니다. 로마서에서 바울은 이를 은혜의 통치라 불렀습니다(롬 5:21).

는 것이었습니다. 13 여러분도 그리스도 안에서 진리의 말씀
곧 여러분을 구원하는 복음을 듣고서 그리스도를 믿었으므
로, 약속하신 성령의 날인을 받았습니다. 14 이 성령은, 하나
님의 소유인 우리가 완전히 구원받을 때까지 우리의 상속의
담보이시며, 우리로 하여금 하나님의 영광을 찬미하게 하십
니다.

바울의 기도

15 ○ 그러므로 나도, 주 예수에 대한 여러분의 믿음과 모든
성도를 향한 사랑을 듣고서, 16 여러분을 두고 끊임없이 감사
를 드리고 있으며, 내 기도 중에 여러분을 기억합니다. 17 우
리 주 예수 그리스도의 하나님이신 영광의 아버지께서 지혜
와 계시의 영을 여러분에게 주셔서, 하나님을 알게 하시고,
18 [여러분의] 마음의 눈을 밝혀주셔서, 하나님의 부르심에

바울은 편지의 수신인들이 주로 하나님과 하나님이 주는 것들을 "알게 되기를" 바란다고 기도합니다(17-19절). 그들은 그것들을 모르는 사람들이었나요? 바울은 지금 그리스도를 통해 하나님을 믿게 된 비유대인 신자들에게 편지를 씁니다. 그런데 그는 이 편지의 독자들이 하나님을 알게 해달라고, 그들의 마음의 눈을 열어달라고 기도합니다. 하나님을 아예 몰라서가 아니라, 하나님과의 관계 자체가 늘 그분을 새롭게 알아가는 일이기 때문입니다. 물론 이는 사람의 관계에서도 마찬가지입니다. 바울이 특히 염두에 둔 것은 하나님께서 약속하신 미래에 대한 생생한 희망의 중요성입니다. 그는 하나님께서 우리를 위해 얼마나 영광스러운 상속(구원)을 준비해두셨는지 알기를 바랍니다. 또 신자들의 마음의 눈이 열려서 이런 희망을 가진 우리들이 기다리는 상속을 누릴 수 있도록 얼마나 강력한 능력으로 우리 삶에 활동하는지 깨닫기를 바랍니다. 우리는 하나님께서 예수님을 살리신 데서 바로 이 능력을 확인합니다. 대담한 주장인 만큼, 기독교 복음의 가장 근본적인 주장이기도 합니다.

속한 소망이 무엇이며, 성도들에게 베푸시는 하나님의 영광
스러운 상속이 얼마나 풍성한지를, 여러분이 알게 되기를 바
랍니다. 19 또한 믿는 사람들인 우리에게 강한 힘으로 활동하
시는 하나님의 능력이 얼마나 엄청나게 큰지를, 여러분이 알
기 바랍니다. 20 하나님께서는 이 능력을 그리스도 안에 발
휘하셔서, 그분을 죽은 사람들 가운데서 살리시고, 하늘에서
자기의 오른쪽에 앉히셔서 21 모든 정권과 권세와 능력과 주
권 위에, 그리고 이 세상뿐만 아니라 오는 세상에서 일컬을
모든 이름 위에 뛰어나게 하셨습니다. 22 하나님께서는 만물
을 그리스도의 발 아래 굴복시키시고, 그분을 만물 위에 교회
의 머리로 삼으셨습니다. 23 교회는 그리스도의 몸이요, 만
물 안에서 만물을 충만케 하시는 분의 충만함입니다.

{ 제2장 }

사망에서 생명으로 옮기다

1 여러분도 전에는 허물과 죄로 죽었던 사람들입니다. 2 그때
에 여러분은 허물과 죄 가운데서, 이 세상의 풍조를 따라 살
고, 공중의 권세를 잡은 통치자, 곧 지금 불순종의 자식들 가
운데서 작용하는 영을 따라 살았습니다. 3 우리도 모두 전에
는, 그들 가운데에서 육신의 정욕대로 살고, 육신과 마음이
원하는 대로 행했으며, 나머지 사람들과 마찬가지로 날 때부
터 진노의 자식이었습니다. 4 그러나 하나님은 자비가 넘치는
분이셔서, 우리를 사랑하신 그 크신 사랑으로 말미암아 5 범
죄로 죽은 우리를 그리스도와 함께 살려주셨습니다. 여러분
은 은혜로 구원을 얻었습니다. 6 하나님께서 그리스도 예수
안에서 우리를 그분과 함께 살리시고, 하늘에 함께 앉게 하셨
습니다. 7 그것은, 하나님께서 그리스도 예수 안에서 우리에

허물과 죄로 죽었다는 것은 무슨 뜻이며, 공중의 권세를 잡은 통치자는 누구를 말하는 건가요? "허물과 죄"는 창조주 하나님을 거부하는 인간의 고집, 그리고 그 결과로 생겨나는 도덕적 타락상을 집약하는 표현입니다. 그런 삶은 생물학적으로는 삶이지만, 영적 견지에서는 죽음에 해당합니다. 인간은 스스로의 주인이 될 수 없습니다. 따라서 생명의 근원이신 창조주 하나님을 거부하는 순간, 우리는 잘못된 통치자 혹은 악한 통치자인 "공중의 권세를 잡은 통치자"를 섬기는 존재로 전락합니다. 이런 묵시적 표현은 우리 삶이 여러 초월적 힘들의 거대한 그물망 속에 있는 존재라는 진실을 표상합니다. 창조주를 나쁜 통치자로 뒤바꾼 영적 현실이 지상에서의 삶에서는 평화를 상실하고 서로 경쟁하고 죽이는 파괴적 관계로, 그리고 온갖 사적, 사회적 타락의 양상으로 나타날 것입니다. 그리스도를 통한 부르심은 바로 이런 죽음으로부터의 구원을 의미합니다.

게 자비로 베풀어주신 그 은혜가 얼마나 풍성한지를 장차 올
모든 세대에게 드러내 보이시기 위함입니다. 8 여러분은 믿
음을 통하여 은혜로 구원을 얻었습니다. 이것은 여러분에게
서 난 것이 아니요, 하나님의 선물입니다. 9 행위에서 난 것
이 아닙니다. 그러므로 아무도 자랑할 수 없습니다. 10 우리
는 하나님의 작품입니다. 선한 일을 하게 하시려고, 하나님께
서 그리스도 예수 안에서 우리를 만드셨습니다. 하나님께서
이렇게 미리 준비하신 것은, 우리가 선한 일을 하며 살아가게
하시려는 것입니다.

하나가 되게 하신 그리스도

11 ○ 그러므로 여러분은 지난날에 육신으로는 이방 사람이
었다는 사실을 명심하십시오. 손으로 육체에 행한 할례를 받
은 사람이라고 뽐내는 이른바 할례자들에게 여러분은 무할례
자들이라고 불리며 따돌림을 당했습니다. 12 그때에 여러분

선한 일을 하게 하려고 우리를 만들었다니요. 선한 일은 어떤 일을 말하는 건가요?

우리는 그리스도 안에서, 곧 순전히 하나님의 은혜를 힘입어 새로운 존재로 창조되었습니다. 우리는 하나님께서 만드신 '작품'입니다(여기 사용된 단어가 '포이에마'인데, 영어 poem의 어원이기도 합니다). 작품에 작가의 의도가 담기듯, 하나님께서는 자신의 선한 의도로 허물과 죄로 죽은 사람들을 살려 새로운 존재로 창조하셨습니다. 새 창조의 목적은 이제 우리가 선한 일을 하는 존재, 곧 하나님께서 이 세상과 사람들에게 원하시는 올바른 삶을 사는 존재가 되는 것입니다. 파괴와 고통을 산출하는 죽음과 같은 삶이 아니라, 선한 창조주의 뜻에 맞게 공평함과 평화와 기쁨 같은 생명의 가치를 추구하는 삶입니다. 초월적 하나님을 향한 거룩함은 함께 사는 사람들을 향한 선한 삶으로 드러납니다. 그래서 적어도 이 땅에서는 도덕적 선함이 거룩한 삶을 보여주는 가장 중요한 표현이 됩니다.

은 그리스도와 상관이 없었고, 이스라엘 공동체에서 제외되어
서, 약속의 언약과 무관한 외인으로서, 세상에서 아무 소망이
없이, 하나님도 없이 살았습니다. 13 여러분이 전에는 하나님
에게서 멀리 떨어져 있었는데, 이제는 그리스도 예수 안에서
그분의 피로 하나님께 가까워졌습니다.
14 ○ 그리스도는 우리의 평화이십니다. 그리스도께서는 유
대 사람과 이방 사람이 양쪽으로 갈라져 있는 것을 하나로 만
드신 분이십니다. 그분은 유대 사람과 이방 사람 사이를 가르
는 담을 자기 몸으로 허무셔서, 원수 된 것을 없애시고, 15 여
러 가지 조문으로 된 계명의 율법을 폐하셨습니다. 그분은 이
둘을 자기 안에서 하나의 새사람으로 만들어서 평화를 이루시
고, 16 원수 된 것을 십자가로 소멸하시고 이 둘을 한 몸으로
만드셔서, 하나님과 화해시키셨습니다. 17 그분은 오셔서 멀
리 떨어져 있는 여러분에게 평화를 전하셨으며, 가까이 있는

그리스도를 우리의 평화라고 정의한 것은 상징적인 의미인가요? 평화가 전쟁이나 갈등의 상대적 개념이 아닌, 다른 의미로 쓰인 건가요? 본문을 보면 2장 1-10절까지는 회심하고 구원받은 사람의 변화를 하나님과의 관계 속에서 묘사합니다. 그리고 11절부터는 그 변화에 따르는 사회적 차원을 그려냅니다. 당시 교회에서는 먼저 믿었던 유대 신자들과 신앙의 후발 주자인 비유대인(이방인) 신자들의 관계가 큰 숙제였습니다. 그래서 바울은 비유대인 신자들에게 편지하면서, 이제 그들이 유대인과 다를 바 없는 하나님의 가족이 되었다고 역설합니다. 유대인/이방인이라는 차별의 수사를 버리고, '그리스도 안에서 하나'라는 새 정체성을 습득하라는 주문입니다. 복음에 내포된 평화의 논리로 '재사회화'되라는 것입니다. 물론 그 토대는 십자가로 집약되는 복음입니다. 하지만 그 결과 생겨나는 '평화'는 유대인과 이방인 사이의 평화, 현실 속에서 만나는 사람들 사이의 실제적 평화입니다. 온 우주의 통일이라는 복음의 초월적 비전은 무엇보다 먼저 이웃들끼리의 화해와 평화라는 현실적 변화를 통해 구현되어야 합니다.

사람들에게도 평화를 전하셨습니다. 18 이방 사람과 유대 사
람 양쪽 모두, 그리스도를 통하여 한 성령 안에서 아버지께 나
아가게 되었습니다. 19 그러므로 이제부터 여러분은 외국 사
람이나 나그네가 아니요, 성도들과 함께 시민이며 하나님의
가족입니다. 20 여러분은 사도들과 예언자들이 놓은 기초 위
에 세워진 건물이며, 그리스도 예수가 그 모퉁잇돌이 되십니
다. 21 그리스도 안에서 건물 전체가 서로 연결되어서, 주님
안에서 자라서 성전이 됩니다. 22 그리스도 안에서 여러분도
함께 세워져서 하나님이 성령으로 거하실 처소가 됩니다.

{ 제3장 }

하나님의 구원 경륜의 비밀

1 그러므로 이방 사람 여러분을 위하여 그리스도 [예수]의 일
로 갇힌 몸이 된 나 바울이 말합니다. 2 -하나님께서 여러분
을 위하여 일하도록 나에게 이 직분을 은혜로 주셨다는 것을,
여러분은 이미 들었을 줄 압니다. 3 하나님께서는 나에게 그
비밀을 계시로 알려주셨습니다. 그것은 내가 이미 간략하게
적은 바와 같습니다. 4 여러분이 그것을 읽어보면, 내가 그리
스도의 비밀을 어떻게 이해하고 있는지를 알게 될 것입니다.
5 지나간 다른 세대에서는 하나님께서 그 비밀을 사람의 아들
들에게 알려주지 아니하셨는데, 지금은 그분의 거룩한 사도들
과 예언자들에게 성령으로 계시하여주셨습니다. 6 그 비밀의
내용인즉 이방 사람들이 복음을 통하여 그리스도 예수 안에
서 유대 사람들과 공동 상속자가 되고, 함께 한 몸이 되고, 약

바울은 이 직분을 하나님이 '은혜로' 주었다고 말합니다. 임명장을 받은 것도 아니고, 이건 확인이 불가능하니까 할 수 있는 위험한 말 아닌가요? 이렇게 표현한 의도가 있나요? 실제로 바울은 공식적인 '사도'라 불리기엔 객관적 자격이 모자랐습니다. 교회를 심하게 박해하다가 뒤늦게 주님을 만났기 때문입니다. 하지만 바울은 하나님께서 자신을 불러주셨다는 사실을 의심하지 않았습니다. 실제 그의 선교활동에서 드러나는 성령의 능력과 풍성한 결과 역시 이런 부르심을 더 확실한 것으로 만들어주었습니다. 바울은 조화되지 않는 이 두 '사실'을 '하나님의 은혜'라는 말로 연결합니다. 자격이 없는 사람에게 다가와 그 사람을 움직이게 하고, 그를 통해 놀라운 일을 성취하시는 하나님의 은혜이자 능력입니다. 실제 바울은 자주 자격 시비에 휘말렸는데, 그때마다 자신의 삶에서 드러난 은혜의 흔적들을 가리키며 자신을 변호합니다. 종이 추천장(자격증)보다 더 생생한 증거를 제시한 셈입니다.

속을 함께 가지는 자가 되는 것입니다. 7 나는 이 복음을 섬기
는 일꾼이 되었습니다. 내가 이렇게 된 것은 하나님께서 그분
의 능력이 작용하는 대로 나에게 주신 그분의 은혜의 선물을
따른 것입니다. 8 하나님께서 모든 성도 가운데서 지극히 작은
자보다 더 작은 나에게 이 은혜를 주셔서, 그리스도의 헤아릴
수 없는 부요함을 이방 사람들에게 전하게 하시고, 9 만물을
창조하신 하나님 안에 영원 전부터 감추어져 있는 비밀의 계
획이 무엇인지를 [모두에게] 밝히게 하셨습니다. 10 그것은 이
제 교회를 통하여 하늘에 있는 통치자들과 권세자들에게 하나
님의 갖가지 지혜를 알리시려는 것입니다. 11 이 일은, 하나님
께서 우리 주 그리스도 예수 안에서 성취하신 영원한 뜻을 따
른 것입니다. 12 우리는 그리스도를 믿음으로써, 그분 안에서
확신을 가지고, 담대하게 하나님께 나아갑니다. 13 그러므로
여러분을 위하여 당하는 나의 환난을 보고서, 여러분이 낙심
하는 일이 없기를 바랍니다. 내가 당하는 환난은 여러분에게
는 영광이 됩니다.

저자는 하나님이 자신에게 계시로 알려주었다는 '비밀'을 공개합니다. 도대체 뭐가 비밀이라는 것인가요? 바울은 비밀이라는 단어를 자주 사용하는데, 각 문맥에 따라 의도가 조금씩 달라 보입니다. 바울은 자신의 복음이 예수 그리스도를 만났던 그 계시 사건을 통해 주어졌다고 말합니다(3절; 갈 1:11-12). 그는 이 복음을 비밀 혹은 신비라 부릅니다. 이 표현은 자연적인 인식의 불가능성 혹은 예측 불가능성을 암시합니다. 바울이 선포하는 복음 속에 바로 그런 요소가 있다는 뜻입니다. 현재 문맥에서는 원래 택한 백성이었던 유대인뿐 아니라 다른 민족들도 복음을 통해 구원의 공동 상속자가 된다는 사실을 나타냅니다(6절). 먼저 유대인이 되어야만 구원 공동체의 일원이 된다는 통념에서 벗어나는 놀라운 사실입니다. 하지만 이 비밀은 이제 교회의 사도들과 선지자들을 통해 '공공연한 비밀'이 되었고, 바울 자신도 이 복음의 일꾼 중 하나가 되었습니다(7절).

그리스도의 사랑을 알아라

14 ○ 그러므로 나는 아버지께 무릎을 꿇고 빕니다. 15 아버지
께서는 하늘과 땅에 있는 각 족속에게 이름을 붙여주신 분이
십니다. 16 아버지께서 그분의 영광의 풍성하심을 따라 그분
의 성령을 통하여 여러분의 속사람을 능력으로 강건하게 하여
주시고, 17 믿음으로 말미암아 그리스도를 여러분의 마음속에
머물러 계시게 하여주시기를 빕니다. 여러분이 사랑 속에 뿌
리를 박고 터를 잡아서, 18 모든 성도와 함께 여러분이 그리스
도의 사랑의 너비와 길이와 높이와 깊이가 어떠한지를 깨달을
수 있게 되고, 19 지식을 초월하는 그리스도의 사랑을 알게 되
기를 빕니다. 그리하여 하나님의 온갖 충만하심으로 여러분이
충만하여지기를 바랍니다.
20 ○ 우리 가운데서 일하시는 능력을 따라, 우리가 구하거나
생각하는 것 이상으로 더욱 넘치게 주실 수 있는 분에게, 21 교

바울은 그리스도의 사랑을 알게 되기를 기도합니다. 그리스도의 사랑이란 무엇을 말하는 건가요? 하나님의 구원은 철두철미하게 '그리스도 안에서' 이루어집니다. 물론 그리스도는 구원의 수동적 수단으로 활용되는 존재가 아니라, 스스로의 사랑으로 우리에게 다가오시는 분이기도 합니다. 이 편지의 독자들 역시 자신의 새 존재가 그리스도의 '피' 곧 그분의 희생에 뿌리 내리고 있음을 잘 알고 있습니다(1:7; 2:14–16). 이 사랑은 우리를 참된 존재로 만들고자 하는 의지를 품습니다. 그리스도는 교회를 거룩하고 흠이 없는 하나님의 자녀로 만들기 위해 자신을 내어주신 분입니다. 바울은 신자들이 이 사랑에 뿌리를 내리고 터를 다지기를 바랍니다. 이 사랑은 "지식을 초월하는" 사랑입니다. 바울은 우리가 그 '너비와 길이와 높이와 깊이'를 깨닫기를 바랍니다. 구원은 추상적인 교리 차원의 지식을 넘어, 그리스도의 사랑과 마주하고 그 거대함을 깨닫는 과정이기도 합니다. 신약성경이 하나님과 그리스도의 사랑에 관한 진술로 가득한 것은 결코 우연이 아닙니다.

회 안에서와 그리스도 예수 안에서, 영광이 대대로 영원무궁
하도록 있기를 빕니다. 아멘.

{ 제4장 }

하나 되는 진리

1 그러므로 주님 안에서 갇힌 몸이 된 내가 여러분에게 권합니
다. 여러분은 부르심을 받았으니, 그 부르심에 합당하게 살아
가십시오. 2 겸손함과 온유함으로 깍듯이 대하십시오. 오래 참
음으로써 사랑으로 서로 용납하십시오. 3 성령이 여러분을 평
화의 띠로 묶어서, 하나가 되게 해주신 것을 힘써 지키십시오.
4 그리스도의 몸도 하나요, 성령도 하나입니다. 이와 같이 여
러분도 부르심을 받았을 때에 그 부르심의 목표인 소망도 하

"부르심"(1절)은 무슨 말인가요? 누가 누구를 불렀다는 말인가요? '부르심'(소명, 召命, calling)은 초대교회 신자들의 정체성을 나타내는 가장 중요한 표현 중 하나입니다. 신자는 하나님의 부르심을 받은 사람입니다. 부르심은 선명한 목적의식을 내포합니다. 바울을 사도로 부르신 것처럼 특정 목적을 갖기도 하고, 모든 신자를 구원으로 부르신 것처럼 넓은 의미를 갖기도 합니다. 그래서 '부르심의 소망'이라는 말이 나옵니다(4절). 이 부르심의 최종 목적지는 구원, 하나님나라와 하나님의 영광, 영생, 부활 등 다양하게 묘사됩니다. 물론 부르심에는 목적지에 이르는 과정도 포함됩니다. 올바른 길을 선택해야 제대로 된 목적지에 도달할 것이기 때문입니다. 이 삶의 과정은 한마디로 '거룩함'이며, 이는 일상에서 다양한 삶의 태도로 드러날 것입니다. 그런 삶은 '부르심에 합당한' 삶, 곧 부르심의 의도를 충실하게 반영하는 신실한 삶입니다. 바울은 신자들이 그처럼 '부르심에 합당하게 살아가는' 사람이기를 바랍니다(1절).

나였습니다. 5 주님도 한 분이시요, 믿음도 하나요, 세례도 하
나요, 6 하나님도 한 분이십니다. 하나님은 모든 것의 아버지
시요, 모든 것 위에 계시고 모든 것을 통하여 계시고 모든 것
안에 계시는 분이십니다.
7 ○ 그러나 하나님께서는 우리 각 사람에게, 그리스도께서 나
누어주시는 선물의 분량을 따라서, 은혜를 주셨습니다. 8 그러
므로 성경에 이르시기를 "그분은 높은 곳으로 올라가셔서, 포
로를 사로잡으시고, 사람들에게 선물을 나누어주셨다" 합니
다. 9 그런데 그분이 올라가셨다고 하는 것은 먼저 그분이 땅
의 낮은 곳으로 내려오셨다는 것을 말하는 것이 아니고 무엇
이겠습니까? 10 내려오셨던 그분은 만물을 충만하게 하시려
고, 하늘의 가장 높은 데로 올라가신 바로 그분이십니다. 11 그
분이 어떤 사람은 사도로, 어떤 사람은 예언자로, 어떤 사람은
복음 전도자로, 또 어떤 사람은 목사와 교사로 삼으셨습니다.
12 그것은 성도들을 준비시켜서, 봉사의 일을 하게 하고, 그리
스도의 몸을 세우게 하려고 하는 것입니다. 13 그리하여 우리

그리스도의 몸을 세우게 하려고 주님이 직업이나 직분을 주었다는 말인가요?(12절)

그리스도의 몸을 세운다는 것은 무슨 의미인가요? 하나님께서는 교회를 위해 다양한 지도자를 주셨고(11절), 이들은 성도들을 가르치고 돌보면서 성도들이 신자로서 최적의 모습을 발휘하도록 준비시킵니다. 이렇게 준비된 신자들은 각자에게 주신 은사에 따라 나름의 '봉사'를 수행합니다. 이 '봉사'(diakonia, ministry)는 식탁 시중에서부터 사도의 복음 선포에 이르기까지 다양하게 적용될 수 있는 단어입니다. 본문에서는 교회 공동체의 맥락이라 일상적 직업이 아닌, 공동체 내에서 수행하는 각자의 역할을 가리킵니다. 각 신자들의 봉사와 목회를 통해 교회 공동체 전체가 하나의 몸으로 세워집니다(12절). 여기서 '몸'은 '그리스도의 몸'인데, '머리'이신 그리스도를 중심으로 구성되는 공동체, 곧 교회를 가리킵니다. 교회는 그리스도의 연장(extension)이자 그리스도의 일부라는 신념의 표현입니다.

모두가 하나님의 아들을 믿는 일과 아는 일에 하나가 되고, 온
전한 사람이 되어서, 그리스도의 충만하심의 경지에까지 다
다르게 됩니다. 14 우리는 이 이상 더 어린아이로 있어서는 안
됩니다. 우리는 인간의 속임수나, 간교한 술수에 빠져서, 온갖
교훈의 풍조에 흔들리거나, 이리저리 밀려다니지 말아야 합
니다. 15 우리는 사랑으로 진리를 말하고 살면서, 모든 면에서
자라나서, 머리가 되시는 그리스도에게까지 다다라야 합니다.
16 온몸은 머리이신 그리스도께 속해 있으며, 몸에 갖추어져
있는 각 마디를 통하여 연결되고 결합됩니다. 각 지체가 그 맡
은 분량대로 활동함을 따라 몸이 자라나며 사랑 안에서 몸이
건설됩니다.

옛사람과 새사람

17 ○ 그러므로 나는 주님 안에서 간곡히 권고합니다. 이제부
터 여러분은 이방 사람들이 허망한 생각으로 살아가는 것과

한 사람이 옛사람과 새사람으로 나누어지는 구분점은 무엇인가요? 실존적으로 말하면 "허물과 죄로 죽었던" 시절의 존재가 옛사람이라면, 그리스도 안에서 새로 창조된 존재는 새사람입니다. 그래서 이전과 이후를 객관적 시점으로 나눌 수 있는 사람도 있을 것입니다. 하지만 이러한 급진적 변화에는 늘 잠정적 성격이 내포됩니다. 우리는 더 이상 옛사람이 아니지만, 동시에 옛사람을 벗어야 하는 존재입니다. 또한 이미 새사람이면서 동시에 새사람이 되라는 명령 아래 있습니다. 우리를 그리스도 안에서 새사람으로 만들어주신 하나님의 선물은 아직 우리의 물리적 현실로 온전히 드러나지 않습니다. 그래서 하나님께서 만들어주신 '신학적 사실'은 동시에 우리가 구현해가야 할 '윤리적 의무'이기도 합니다. 이는 종종 '직설법'(indicative)과 '명령법'(imperative) 사이의 긴장으로 묘사되곤 합니다.

같이 살아가지 마십시오. 18 그들은 자기들 속에 있는 무지와
자기들의 마음의 완고함 때문에 지각이 어두워지고, 하나님
의 생명에서 떠나 있습니다. 19 그들은 수치의 감각을 잃고,
자기들의 몸을 방탕에 내맡기고, 탐욕을 부리며, 모든 더러운
일을 합니다. 20 그러나 여러분은 그리스도를 그렇게 배우지
는 않았습니다. 21 여러분이 예수 안에 있는 진리대로 그분에
관해서 듣고, 또 그분 안에서 가르침을 받았으면, 22 여러분은
지난날의 생활 방식대로 허망한 욕정을 따라 살다가 썩어 없
어질 그 옛사람을 벗어버리고, 23 마음의 영을 새롭게 하여,
24 하나님의 형상을 따라 참 의로움과 참 거룩함으로 지으심
을 받은 새사람을 입으십시오.

새로운 생활의 규범

25 ○ 그러므로 여러분은 거짓을 버리고, 각각 자기 이웃과
더불어 참된 말을 하십시오. 우리는 서로 한 몸의 지체들입니

"구속의 날을 위하여 인 치심을 받았다"(30절)는 말은 무슨 뜻인가요? 그리스도인의 소망은 늘 믿음의 최종 종착지, 곧 '구원'을 향해 있습니다(벧전 1:9). 에베소서는 이를 '구속'이라고 표현했습니다. 로마서의 표현을 참고하면, 이 '구속'(redemption)은 보다 구체적으로 우리 '몸의 구속' 곧 부활의 소망과 연결됩니다. 우리가 현재의 부패할 몸을 벗고, 영광스러운 몸을 가진 새로운 존재로 다시 살아나리라는 소망입니다. 이원론적으로 오해된 '영혼'의 구원이라는 통념과 달리, 몸의 구속 곧 부활은 기독교적 구원의 핵심 이미지에 속합니다. '인(印) 치심'은 도장을 찍는 행위로, 확실하게 보증하고 보장한다는 뜻입니다. 마지막 구속의 날까지 우리를 확실하게 지키시는 분이 성령이라는 뜻입니다. 이 성령의 뜻을 거부하고 '성령을 근심하게 하는' 것은 성령이 보증하는 미래를 팽개치는 일이라는 경고입니다.

다. 26 화를 내더라도, 죄를 짓는 데까지 이르지 않도록 하십
시오. 해가 지도록 노여움을 품고 있지 마십시오. 27 악마에게
틈을 주지 마십시오. 28 도둑질하는 사람은 다시는 도둑질하
지 말고, 수고를 하여 [제] 손으로 떳떳하게 벌이를 하십시오.
그리하여 오히려 궁핍한 사람들에게 나누어줄 것이 있게 하십
시오. 29 나쁜 말은 입 밖에 내지 말고, 덕을 세우는 데에 필요
한 말이 있으면, 적절한 때에 해서, 듣는 사람에게 은혜가 되
게 하십시오. 30 하나님의 성령을 슬프게 하지 마십시오. 여
러분은 성령 안에서 구속의 날을 위하여 인 치심을 받았습니
다. 31 모든 악독과 격정과 분노와 소란과 욕설은 모든 악의와
함께 내버리십시오. 32 서로 친절히 대하며, 불쌍히 여기며,
하나님께서 그리스도 안에서 여러분을 용서하신 것과 같이,
서로 용서하십시오.

{ 제5장 }

1 그러므로 여러분은 사랑을 받는 자녀답게, 하나님을 본받는
사람이 되십시오. 2 그리스도께서 여러분을 사랑하셔서, 우리
를 위하여 하나님 앞에 향기로운 예물과 제물로 자기 몸을 내
어주신 것과 같이, 여러분도 사랑으로 살아가십시오. 3 음행
이나 온갖 더러운 행위나 탐욕은 그 이름조차도 여러분의 입
에 담지 마십시오. 그렇게 하는 것이 성도에게 합당합니다.
4 더러운 말과 어리석은 말과 상스러운 농담은 여러분에게
어울리지 않습니다. 오히려 여러분은 감사에 찬 말을 하십시
오. 5 여러분은 이것을 확실히 알아두십시오. 음행하는 자나
행실이 더러운 자나 탐욕을 부리는 자는 우상숭배자여서, 그
리스도와 하나님의 나라를 상속받을 몫이 없습니다.

갑자기 언행을 주의하라는 도덕 교과서 같은 이야기가 계속됩니다. 이런 말들을 해야만 했던 배경이 있나요? 우리는 원래 독자가 아니라서 당시 저자의 의도를 정확하게 파악하긴 어렵지만, 올바른 삶은 모든 시대, 모든 상황과 얽힌 문제입니다. '죄인'인 인간에게 올바른 삶은 본능이 아니라 의식적인 노력의 영역이기 때문입니다. 하나님에 대한 순종을 절대 가치로 생각하던 그리스도인에게는 더욱 그러했을 것입니다. 바울은 무엇보다 "거룩하고 흠이 없는" 공동체의 건설이 자신의 임무라고 생각했습니다. 그래서 올바른 삶은 복음의 핵심 요소입니다. 순종이 믿음의 한 부분이라는 뜻입니다. 구약/유대교 외의 기독교 전통은 당시 로마가 통치하던 1세기 헬레니즘과 사뭇 달라, 도덕적으로도 '받을 건 받고, 버릴 건 버리는' 모습을 보입니다. 이런 상황은 바울의 도덕적 교훈을 매우 날카롭게 만들기도 합니다. 물론 에베소서가 회람용 편지라 다소 일반적인 어조의 교훈들이 많은 것이 특징이기도 합니다.

빛의 자녀의 생활

6 ○ 여러분은 아무에게도 헛된 말로 속아 넘어가지 마십시오.
이런 일 때문에, 하나님의 진노가 순종하지 않는 사람들에게
내리는 것입니다. 7 그러므로 여러분은 그런 사람들과 짝하지
마십시오. 8 여러분이 전에는 어둠이었으나, 지금은 주님 안에
서 빛입니다. 빛의 자녀답게 사십시오. 9 -빛의 열매는 모든
선과 의와 진실에 있습니다.- 10 주님께서 기뻐하시는 일이
무엇인지를 분별하십시오. 11 여러분은 열매 없는 어둠의 일
에 끼어들지 말고, 오히려 그것을 폭로하십시오. 12 그들이 몰
래 하는 일들은 말하기조차 부끄러운 것들입니다. 13 빛이 폭
로하면 모든 것이 드러나게 됩니다. 14 드러나는 것은 다 빛입
니다. 그러므로, "잠자는 사람아, 일어나라. 죽은 사람 가운데

서 일어서라. 그리스도께서 너를 환히 비추어주실 것이다" 하
는 말씀이 있습니다.
15 ○ 그러므로 여러분은 어떻게 살아가야 할지를 살피십시
오. 지혜롭지 못한 사람처럼 살지 말고, 지혜로운 사람답게 살
아야 합니다. 16 세월을 아끼십시오. 때가 악합니다. 17 그러므
로 어리석은 자가 되지 말고, 주님의 뜻이 무엇인지를 깨달으
십시오. 18 술에 취하지 마십시오. 거기에는 방탕이 따릅니다.
성령의 충만함을 받으십시오. 19 시와 찬미와 신령한 노래로
서로 화답하며, 여러분의 가슴으로 주님께 노래하며, 찬송하
십시오. 20 모든 일에 언제나 우리 주 예수 그리스도의 이름으
로 하나님 아버지께 감사를 드리십시오.

남편과 아내

21 ○ 여러분은 그리스도를 두려워하는 마음으로 서로 순종하
십시오. 22 아내 된 이 여러분, 남편에게 하기를 주님께 하듯

"성령의 충만함"(18절)은 무엇을 말하는 건가요? 성령은 그리스도인의 삶의 토대요, 나침반입니다(3:16). 성령에 구원의 완성이라는 약속이 있습니다(1:13). 신자들의 모임을 그리스도의 몸으로 엮어가는 하나님의 함께하심입니다(2:22; 4:3–4). 성령을 거스르는 일은 성령으로 지탱되는 현재 삶과 구원의 소망을 저당 잡히는 일입니다(4:30). 그래서 바울은 늘 성령에 이끌리고, 성령을 따라 걸으라고 말합니다. 우리의 존재와 삶에 성령이 '가득 차게' 하라는 말입니다. 여기서 '성령의 가득 참'은 술로 '가득 찬' 삶과 대조됩니다. 예나 지금이나 술은 위험한 즐거움입니다. 그 자체가 악은 아니지만, 우리의 의식을 건드려 쉽게 무절제와 타락으로 이어집니다. 그래서 '술 취함'은 밤의 어둠과 도덕적 타락의 양상으로 그려집니다(롬 13:11–14; 살전 5:6–8). 생명의 성령으로 가득하라는 것은 우리에게 주어진 새 생명에 어울리게 살라는 말과 같습니다.

하십시오. 23 그리스도께서 교회의 머리가 되심과 같이, 남편
은 아내의 머리가 됩니다. 바로 그리스도께서는 몸의 구주이
십니다. 24 교회가 그리스도께 순종하듯이, 아내도 모든 일에
남편에게 순종해야 합니다. 25 남편 된 이 여러분, 아내를 사
랑하기를 그리스도께서 교회를 사랑하셔서 교회를 위하여 자
신을 내주심같이 하십시오. 26 그리스도께서 그렇게 하신 것
은, 교회를 물로 씻고, 말씀으로 깨끗하게 하여서, 거룩하게
하시려는 것이며, 27 티나 주름이나 또 그와 같은 것들이 없
이, 아름다운 모습으로 교회를 자기 앞에 내세우시려는 것이
며, 교회를 거룩하고 흠이 없게 하시려는 것입니다. 28 이와
같이, 남편도 아내를 자기 몸과 같이 사랑해야 합니다. 자기
아내를 사랑하는 것은 곧 자기를 사랑하는 것입니다. 29 자기
육신을 미워한 사람은 없습니다. 누구나 자기 육신을 먹여 살
리고 돌보기를 그리스도께서 교회를 그렇게 하시듯이 합니다.
30 우리는 그리스도의 몸의 지체입니다. 31 그러므로 사람이

지금 받아들이기는 좀 어려운, 남편과 아내 사이의 '순종'에 대한 이야기가 나옵니다. 어떻게 이해하는 것이 맞나요? 이 세상에 살지만 이 세상에 속하지 않은 그리스도인에게 이 세상은 삶의 터전이자 전제입니다. 하나님의 뜻은 늘 이 세상을 사는 우리를 위한 것입니다. 성경도 1세기 당시의 문화적 전제를 상당 부분 공유합니다. 우상숭배처럼 정면으로 배격하는 주제에서도 구체적인 적용에는 늘 신중했습니다. 대부분은 주어진 문화 속에서 새로운 가능성을 모색하곤 했습니다. 노예제도나 남녀의 위계 등은 '원래 그런' 삶의 일부였습니다. 소수의 가정 공동체가 이런 사회적인 현실 자체를 건드릴 순 없습니다. 하지만 교회는 그리스도의 주 되심이라는 고백 아래 주인과 종의 관계 방식을 물었습니다. 남편과 아내의 관계도 그랬습니다. 물론 오늘 우리는 남편과 아내의 위계를 인정하지 않는 문화 속에 살고 있습니다. 그래서 성경을 오늘과 연결하는 일에는 신중한 '번역' 과정이 필요합니다. 쉽지 않은 일이고, 생각의 차이도 많은 영역이지만, 피할 수 없는 절차입니다.

부모를 떠나 자기 아내와 합하여 그 둘이 한 몸이 되는 것입니
다. 32 이 비밀은 큽니다. 나는 그리스도와 교회를 두고 이 말
을 합니다. 33 그러므로 여러분도 각각 자기 아내를 자기 몸같
이 사랑하고, 아내도 자기 남편을 존중하십시오.

{ 제6장 }

자녀와 부모

1 자녀 된 이 여러분, [주 안에서] 여러분의 부모에게 순종하십
시오. 이것이 옳은 일입니다. 2 "네 부모를 공경하라"고 하신
계명은, 약속이 딸려 있는 첫째 계명입니다. 3 "네가 잘되고,
땅에서 오래 살 것이다" 하신 약속입니다. 4 또 아버지 된 이
여러분, 여러분의 자녀를 노엽게 하지 말고, 주님의 훈련과 훈
계로 기르십시오.

지금 시대에 종과 주인이란 관계는 없습니다. 그렇다면 성경에서 이러한 내용은 폐기되어야 할 부분이라고 봐도 무방할까요? 오늘 우리는 주종 관계를 부정합니다. 따라서 주종 관계에 관한 한, 본문은 우리와 상관없습니다. 과거 영국이나 미국의 백인 신자들은 이런 본문을 토대로 노예제도가 '성경적'이라고 주장했지만, 우리는 그것이 잘못된 성경 해석이라고 믿습니다. 또 고대의 주종 관계를 원칙적으로는 동등한 계약에 기반을 둔 현대의 노사 관계에 적용하는 것도 터무니없는 일입니다. 대신 우리는 잠시 당시의 세상으로 돌아가 바울이 주인과 종에게 새로운 태도를 요구하는 근본 전제가 무엇인지 묻습니다. 여기서 우리는 그리스도의 주 되심이라는 신학적 원리를 발견합니다. 바울은 어떻게 이 원리를 일상에서 고백할 수 있을까 고민했습니다. 우리는 우리가 겪는 모든 관계 속에서 주님의 주 되심의 의미를 고민합니다. 동일한 복음의 고백을 우리에게 맞는 방식으로 고백하는 것입니다.

종과 주인

5 ○ 종으로 있는 이 여러분, 두려움과 떨림과 성실한 마음으
로 육신의 주인에게 순종하십시오. 그리스도께 하듯이 해야
합니다. 6 사람을 기쁘게 하는 자들처럼 눈가림으로 하지 말
고, 그리스도의 종답게 진심으로 하나님의 뜻을 실천하십시
오. 7 사람에게가 아니라 주님께 하듯이, 기쁜 마음으로 섬기
십시오. 8 선한 일을 하는 사람은, 종이든지 자유인이든지,
각각 그 갚음을 주님께로부터 받게 됨을 여러분은 아십시오.
9 주인 된 이 여러분, 종들에게 이와 같이 대하고, 위협을 그만
두십시오. 그들의 주님이시요 여러분의 주님이신 분께서 하늘
에 계신다는 것과, 주님께서는 사람을 차별하여 대하지 않으
신다는 것을, 여러분은 아십시오.

싸움의 상대가 통치자들, 권세자들, 어두운 세계의 지배자들, 하늘에 있는 악한 영들이라고 말합니다(12절). 그런데 왜 인간을 적대자로 상대하는 것이 아니라고 한 건가요? 성경은 인간의 삶을 하나님과의 관계라는 거대한 맥락 속에서 바라봅니다. 우리의 삶에 초월의 지평이 있다는 뜻입니다. 그래서 악한 '영'에 관한 이야기도 등장합니다. 우리 현실은 단지 인간들 사이의 몸부림만으론 설명되지 않습니다. 세상에서 거대한 영적 세력들이 투쟁하고, 인간은 그 영들과의 관계 속에서 살아갑니다. 하나님을 거부하면 자유가 아니라 '악한 영'의 지배입니다(2:1–3). 따라서 본문은 인간과는 싸울 일이 없다는 뜻이 아니라, 인간관계의 배후에 놓인 초월적 사실 관계, 곧 악한 영의 통치를 생각하라는 주문입니다. 애초에 우리의 싸움이 '영적'이라면, 우리에게 필요한 무기는 세속적 힘과는 다를 것입니다. 싸움 역시 세상의 관행적 기대치와 달리, 궁극적이고 영원한 가치를 확보하고 구현하려는 몸짓이 될 것입니다. 이는 십자가에 달리신 그리스도를 뒤따르는 싸움입니다. 요한계시록은 '죽임당한 어린양'을 사령관으로 따르는 역설적 전투로 묘사합니다.

악마와 싸우는 싸움

10 ○ 끝으로 말합니다. 여러분은 주님 안에서 그분의 힘찬
능력으로 굳세게 되십시오. 11 악마의 간계에 맞설 수 있도
록, 하나님이 주시는 온몸을 덮는 갑옷을 입으십시오. 12 우
리의 싸움은 인간을 적대자로 상대하는 것이 아니라, 통치
자들과 권세자들과 이 어두운 세계의 지배자들과 하늘에 있
는 악한 영들을 상대로 하는 것입니다. 13 그러므로 하나님이
주시는 무기로 완전히 무장하십시오. 그래야만 여러분이 악
한 날에 이 적대자들을 대항할 수 있으며 모든 일을 끝낸 뒤
에 설 수 있을 것입니다. 14 그러므로 여러분은 진리의 허리
띠로 허리를 동이고 정의의 가슴막이로 가슴을 가리고 버티
어 서십시오. 15 발에는 평화의 복음을 전할 차비를 하십시
오. 16 이 모든 것에 더하여 믿음의 방패를 손에 드십시오. 그
것으로써 여러분은 악한 자가 쏘는 모든 불화살을 막아 꺼버
릴 수 있을 것입니다. 17 그리고 구원의 투구를 받고 성령의
검 곧 하나님의 말씀을 받으십시오. 18 온갖 기도와 간구로
언제나 성령 안에서 기도하십시오. 이것을 위하여 늘 깨어서

이 글을 쓴 사람은 자신이 "사슬에 매여 있다"고 말합니다(20절). 어떤 상황인 건가요? 에베소서는 바울이 투옥되었을 때 저술했습니다. 그래서 나란히 배치된 빌립보서, 골로새서와 더불어 '옥중서신'(prison letters)이라 불립니다. 하지만 정확한 정황은 알 수 없습니다. 60–62년 무렵 로마 투옥 중 저술했다고 보기도 하지만, 바울이 이 편지를 쓰지 않았다고 생각하는 학자들 또한 매우 많을 정도로 상황은 복잡합니다. 이 편지에서 바울 혹은 바울의 입장에서 글을 쓴 저자는 자신의 투옥이 '이방인의 사도'로서 복음 전파의 결과라 말합니다. 그리고 자신의 투옥 사실이 비유대인 신자들에게 불리하게 작용하지 않을까 염려합니다. 그래서 그는 자신이

끝까지 참으면서 모든 성도를 위하여 간구하십시오. 19 또 나
를 위하여 기도하기를, 내가 입을 열 때에, 하나님께서 말씀
을 주셔서 담대하게 복음의 비밀을 알릴 수 있게 해달라고 하
십시오. 20 나는 사슬에 매여 있으나, 이 복음을 전하는 사신
입니다. 이런 형편에서도, 내가 마땅히 해야 할 말을 담대하
게 말할 수 있게 기도하여주십시오.

작별 인사

21 ○ 사랑하는 형제이며 주님 안에서 진실한 일꾼인 두기고
가, 내가 지내는 형편과 내가 하고 있는 일과 그 밖에 모든 것
을 여러분에게 알릴 것입니다. 22 우리의 사정을 알리고, 또,
여러분의 마음을 위로하게 하려고, 나는 그를 여러분에게 보
냅니다.
23 ○ 아버지 하나님과 주 예수 그리스도께서 성도들에게 평
화를 내려주시고, 믿음과 더불어 사랑을 베풀어주시기를 빕니
다. 24 우리 주 예수 그리스도를 변함없이 사랑하는 모든 사람
에게 은혜가 있기를 빕니다.

하나님으로부터 복음의 비밀을 계시받았다고 말합니다. 그 비밀의 핵심은 이 편지의 독자인 비유대인들이 하나님의 언약으로 들어오는 것입니다. 바울은 바로 이 비밀을 선포하다가 투옥되었습니다. 그러니 그의 투옥은 낙담할 만한 사실이 아니라, 오히려 일종의 영예이자 자랑스러워해야 할 일에 해당합니다(3:1–13).

빌립보서
Philippians

빌립보서를 읽는 독자들에게

그리스도의 복음을 소유한 시민으로 살아가기

바울은 빌립보 신자들이 로마의 시민이 아니라
그리스도의 복음을 소유한 시민으로 살아가기를 바랍니다.
이 시민으로서의 자태의 핵심은
그리스도의 마음, 곧 자신을 낮추는 겸손으로
서로를 배려하며 평화를 지키려는 태도입니다.
바울은 이런 태도가 두렵고 떨리는 마음으로 구원을 이루어가는
자태라고 말합니다. 이것이 바로 하나님께서 원하시는
거룩하고 흠이 없는 공동체의 모습이기 때문입니다.

빌립보는 알렉산더 대왕의 아버지 빌립 2세의 이름을 딴 도시입니다. 주전 30년, 로마의 초대 황제 아우구스투스는 빌립보에 로마의 식민지 지위를 부여했습니다. 바울 역시 '로마 시민'으로서 빌립보 사람들이 느끼는 자부심을 잘 알고 있었습니다(1:27; 3:20. 행 16:20–21, 35–40절 참고).

빌립보교회는 바울의 2차 선교여행 때 세워진 교회로, 유럽 지역 최초의 교회입니다. 이 지역 최초의 회심자 가운데 자주색 고급 옷감의 판매상이던 루디아(Lydia)라는 여인이 있었고, 그녀의 집은 빌립보 선교의 거점이 되었습니다. 선교는 성공적이었지만, 바울은 박해를 받아 어수선한 상황에서 도시를 떠나야 했습니다. 이후 그는 두 번 더 빌립보를 방문했습니다(고후 2:12–13; 7:5; 행 20:1–6). 바울은 스스로 생계를 꾸리며 선교할 때도 많았지만, 빌립보교회로부터는 상당한 후원을 받았습니다. 빌립보를 떠나 데살로니가에 있을 때도 빌립보 신자들의 후원을 받았습니다(4:15–16; 고후 11:8–9).

투옥된 상황에서 빌립보 신자들에게 보내는 편지

이 편지를 쓸 당시 바울은 감옥에 있습니다. 이때 빌립보교회는 에바브로디도 편으로 다시 한번 바울에게 후원금을 보냈습니다(4:10–19). 바울은 이 후원에 감사해서 편지를 쓰는데, 이것이 바로 빌립보서입니다. 그러니까 빌립보서의 핵심 용건은 “감사합니다”입니다. 빌립보서의 표현을 정확하게 이해하려면 이 정황을 잘 기억해야 합니다. 특히 시작(1장)과 마지막(4장)이 그렇습니다.

현재 투옥 상태인 자신의 상황에 대한 이야기도 꽤 자세히 나옵니다. 자신을 위해 염려하고 기도하는 신자들에게 보내는 안부에 해당합니다. 지금 바울은 투옥의 결과가 석방일지 처형일지 모르는 상황에서 투옥의 현실적 여파를 숙고하고, 자신의 미래를 조심스레 가늠해봅니다. 그리고 아직 할 일이 많이 남아 있으니 하나님께서 자신을 살려주시지 않을까 하는 기대를 품습니다. 이런 정황 역시 1장의 후반부, 곧 자신의 상황을 설명하는 바울의 말을 정확하게 이해하기 위해 꼭 기억해야 할 사실입니다.

신학적 깊이를 보여주는 매우 현실적인 편지

신자들을 향한 훈계 역시 빠지지 않습니다. 바울은 빌립보 신자들이 로마의 시민이 아니라 그리스도의 복음을 소유한 ‘시민으로 살아가기’를 바랍니다(1:27). 이 시민으로서의 자태의 핵심은 그리스도의 마음, 곧 자신을 낮추는 겸손으로 서로를 배려하며 평화를 지키려는 태도입니다. 바울은 이런 태도가 ‘두렵고 떨리는 마음으로 구원을 이루어(만들어)가는’ 자태라고 말합니다(2:12). 이것이 바로 하나님께서 원하시는 ‘거룩하고 흠이 없는' 공동체의 모습이기 때문입니다(2:12–18).

올바른 신앙에 대한 권고는 이를 방해하는 세력에 대한 경고가 되기도 합니다. "개들"이나 "악한 일꾼들", "살을 잘라내는 할례를 주장하는 자들"이라는 거친 표현들은 바울의 격한 감정을 여실히 드러냅니다. 이들은 예수님의 부활 생명이 아닌 할례 같은 껍데기에 집착하는 사람들입니다. 참 생명이 아니라 자기 욕망을 섬기는 사람들입니다. 바울은 이런 껍데기에 집착하던 자신의 과거와 그리스도의 부활을 추구하는 현재를 대조하며 신자들을 훈계하고, 부활의 생명이라는 참된 목표를 향한 달리기를 지속하자고 촉구합니다(3:2–21).

디모데와 후원금 전달자인 에바브로디도에 관한 이야기도 나옵니다. 특히 에바브로디도에 대한 신자들의 오해를 염려하는 듯한 모습이 엿보이기도 합니다(2:19–30). 구체적인 상황에서 실제 관심사를 주고받고 있음을 알게 해주는 또 하나의 사례입니다.

재정적 도움이라는 현실적 사안에 대한 감사, 생사의 갈림길에 선 죄수의 비장한 사색, 신자들의 영적 건강을 위한 간절하고 격정적인 호소 등 빌립보서는 매우 다양한 감정의 추이를 보여줍니다. 동시에 가장 현실적인 편지입니다. 편지의 신학적 깊이를 제대로 가늠하기 위해서는 편지 배후의 구체적인 상황을 기억해야 한다는 사실을 보여주는 좋은 사례이기도 합니다.

{ 제1장 }

인사

1 그리스도 예수의 종인 바울과 디모데가 그리스도 예수 안에
서 빌립보에 살고 있는 모든 성도들과 감독들과 집사들에게
이 편지를 씁니다. 2 하나님 우리 아버지와 주 예수 그리스도
께서 내려주시는 은혜와 평화가 여러분에게 있기를 빕니다.

빌립보 성도들에게 감사와 찬사를 표하다

3 ○ 나는 여러분을 생각할 때마다, 나의 하나님께 감사를 드
립니다. 4 내가 기도할 때마다, 여러분 모두를 위하여 늘 기
쁜 마음으로 간구합니다. 5 여러분이 첫날부터 지금까지, 복
음을 전하는 일에 동참하고 있기 때문입니다. 6 선한 일을 여
러분 가운데서 시작하신 분께서 그리스도 예수의 날까지 그

편지를 받는 이로 모든 성도들, 감독들, 집사들이라 말합니다. 그들은 어떤 사람들인가요? '성도'는 바울이 신자들을 가리킬 때 가장 즐겨 사용하는 표현 중 하나입니다. 물론 명칭 그대로 '거룩한 사람들'입니다. 구약성경 출애굽기 같은 곳에서 볼 수 있는 것처럼, '거룩함'을 이름으로 삼은 것은 하나님과 언약 관계에 있다는 의식의 표현입니다. 그러기에 이 거룩함은 신자들이 오늘의 삶에서 늘 추구해야 할 실천 목표이기도 합니다. 바울서신에 자주 언급되는 '집사'는 '봉사하는 사람'(디아코노스)으로, 온갖 역할에 두루 사용됩니다. 반면 '감독'은 목회서신 외에는 이곳에서만 나옵니다(딤전 3:2; 딛 1:7). 빌립보교회의 지도자 역할을 수행하는 사람들을 가리키는 것이 분명하지만(4:2 참조), 아마 확실하게 정착된 직책은 아닌 것으로 추정할 수 있습니다. 그러니까 '감독들과 집사들'은 다양한 방식으로 교회를 돌보며 지도자 역할을 하던 신자들일 것입니다.

일을 완성하시리라고, 나는 확신합니다. 7 내가 여러분 모두
를 이렇게 생각하는 것은, 나로서는 당연한 일입니다. 내가 여
러분을 내 마음에 간직하고 있기 때문입니다. 여러분 모두는
내가 갇혀 있을 때나, 복음을 변호하고 입증할 때에, 내가 받
은 은혜에 동참한 사람들입니다. 8 내가 그리스도 예수의 심
정으로, 여러분 모두를 얼마나 그리워하고 있는지는, 하나님
께서 증언하여주십니다. 9 내가 기도하는 것은 여러분의 사랑
이 지식과 모든 통찰력으로 더욱더 풍성하게 되어서, 10 여러
분이 가장 좋은 것이 무엇인가를 분별할 줄 알게 되는 것입니
다. 그리하여 여러분이 그리스도의 날까지 순결하고 흠이 없
이 지내며, 11 예수 그리스도께서 주시는 의의 열매로 가득 차
서 하나님께 영광과 찬양을 드리게 되기를, 나는 기도합니다.

바울이 처한 형편

12 ○ 형제자매 여러분, 내게 일어난 일이 도리어 복음을 전파

그리스도 예수의 날(6절), 그리스도의 날(10절)이란 표현을 씁니다. 이날은 무슨 날을 말하는 건가요? 유대인으로 성장한 바울은 예수님을 만난 후에도 마지막 심판에 대한 신념을 고수했습니다. 바울은 이날을 '그리스도의 날'로 부릅니다. 이 심판이 그리스도의 다시 오심과 더불어 이루어질 것이고, 이 심판 자체가 그리스도에 의해 이루어질 것이기 때문입니다. 바울은 "우리 주 예수 그리스도께서 오실(임하실) 때"라는 표현을 자주 사용합니다. 바울의 의식 속에서 이날은 그리스도인의 달리기가 결승점에 도달하는 순간입니다. 그래서 신자의 삶은 모두 이 목표 지점에 초점을 맞춥니다(3:13-14). 또 이는 그리스도의 고난에 참여하는 현재의 여정을 마무리하고, 우리가 고대하던 그리스도의 부활에 참여하는 날이기도 합니다(3:10-11). 이 목표점을 바라보며 달리는 사람이기에, 바울의 사고는 미래지향적입니다. 예수님의 손에 이미 잡힌 것, 곧 그분이 이루신 그 여정을 이제 우리가 뒤따르는 것입니다(3:12-13).

하는 데에 도움을 준 사실을, 여러분이 알아주시기를 바랍니
다. 13 내가 그리스도 안에서 감옥에 갇혔다는 사실이 온 친
위대와 그 밖의 모든 사람에게 알려졌습니다. 14 주님 안에
있는 형제자매 가운데서 많은 사람이, 내가 갇혀 있음으로 말
미암아 더 확신을 얻어서, 하나님의 말씀을 겁 없이 더욱 담
대하게 전하게 되었습니다.
15 ○ 어떤 사람들은 시기하고 다투면서 그리스도를 전하고,
어떤 사람들은 좋은 뜻으로 전합니다. 16 좋은 뜻으로 전하
는 사람들은 내가 복음을 변호하기 위하여 세우심을 받았다
는 것을 알고서 사랑으로 그리스도를 전하지만, 17 시기하고
다투면서 하는 사람들은 경쟁심으로 곧 불순한 동기에서 그
리스도를 전합니다. 그들은 나의 감옥 생활에 괴로움을 더하
게 하려는 생각을 품고 있습니다. 18 그렇지만 어떻습니까?
거짓된 마음으로 하든지 참된 마음으로 하든지, 어떤 식으로
하든지 결국 그리스도가 전해지는 것입니다. 나는 그것을 기

바울은 불순한 동기에서 그리스도를 전해도 결국 그리스도가 전해지는 것이니 기쁘다고 말합니다. 결과만 좋으면 과정은 어떻든 상관없다는 말인가요? 바울은 자신의 투옥 이후 두 가지 상반된 반응을 경험합니다. 건강한 의미의 열정과 불순한 의도의 열정입니다. 후자는 아마 스스로를 바울의 경쟁자로 생각했던 '선교사' 그룹일 것입니다. 바울의 투옥 이후, 그들은 이 기회에 선교의 주도권을 확보하려고 했을 것입니다. 하지만 투옥된 상황에서 바울이 할 수 있는 일은 많지 않습니다. 그래서 그는 현 상황에서 최선을 찾아내려 합니다. 자기를 괴롭히려는 이들의 불순한 동기는 애써 무시하고, 대신 "어쨌든 그리스도가 전파된다"는 사실에 생각을 맞춥니다. 그들의 불순한 동기를 괜찮다고 하는 것이 아니라, 안타깝지만 어쩔 수 없는 상황에서 최대한 긍정적인 의미를 읽으려는 의도적 몸짓입니다. 또 그는 조심스레 자신의 석방 가능성을 예상하지만(1:19, 24-26), 중요한 것은 자신의 석방 자체가 아니라 그리스도께서 높아지는 것이라고 말합니다(1:20-21).

뻐합니다. 앞으로도 또한 기뻐할 것입니다. 19 나는 여러분의
기도와 예수 그리스도의 영의 도우심으로 내가 풀려나리라는
것을 압니다. 20 나의 간절한 기대와 희망은, 내가 아무 일에
도 부끄러움을 당하지 않고 온전히 담대해져서, 살든지 죽든
지, 전과 같이 지금도, 내 몸에서 그리스도께서 존귀함을 받
으시리라는 것입니다. 21 나에게는, 사는 것이 그리스도이시
니, 죽는 것도 유익합니다. 22 그러나 육신을 입고 살아가는
것이 나에게 보람된 일이면, 내가 어느 쪽을 택해야 할지 모
르겠습니다. 23 나는 이 둘 사이에 끼여 있습니다. 내가 원하
는 것은, 세상을 떠나서 그리스도와 함께 있는 것입니다. 그
것이 훨씬 더 나으나, 24 내가 육신으로 남아 있는 것이 여러
분에게는 더 필요할 것입니다. 25 나는 이렇게 확신하기 때
문에, 여러분의 발전과 믿음의 기쁨을 더하기 위하여 여러분
모두와 함께 머물러 있어야 할 것으로 압니다. 26 내가 다시

그리스도를 믿는 것도, 그리스도를 위하여 고난을 받는 것도 특권이라고 말합니다. 특권이라고 말하는 의도는 무엇인가요? 여기서 "특권을 주셨다"는 표현은 정확히 "아무 조건 없이 선물로 주셨다"는 뜻입니다. 물론 이 은혜의 선물은 신자들에게 주어진 특별한 약속, 곧 구원의 약속을 염두에 둔 표현입니다. 그런데 이 선물이 '조건 없이' 주어진다고 해서 약속된 구원이 '아무렇게나' 주어지는 것은 아닙니다. 바울이 자주 강조하듯, 이 선물은 그리스도 안에서 주어집니다. 이 그리스도와의 '연합'은 추상적 신비가 아니라, 일상에서 그리스도의 행보를 모방하는(본받는) 것으로 나타납니다. 그리스도께서 고난을 통해 영광에 이르신 것처럼(2:5–11), 신자들 역시 그리스도의 고난에 동참하는 삶을 살면서 미래의 영광에 참여할 것을 고대합니다. 바울은 자신이 바로 그런 삶을 살고 있다고 역설합니다(3:10–11). 이처럼 현재의 '고난'이 미래의 '영광'에 이르는 여정이라면(롬 8:17–18), 이 여정으로의 부르심 자체가 이미 은혜의 선물입니다. 오늘의 고달픔이 미래의 소망을 향한 걸음임을 알기 때문입니다(롬 5:3–4).

여러분에게로 가면, 여러분의 자랑거리가 그리스도 예수 안
에서 나 때문에 많아질 것입니다.
27 ○ 여러분은 오로지 그리스도의 복음에 합당하게 생활하
십시오. 그리하여 내가 가서, 여러분을 만나든지, 떠나 있든
지, 여러분이 한 정신으로 굳게 서서, 한마음으로 복음의 신
앙을 위하여 함께 싸우며, 28 또한 어떤 일에서도 대적하는
자들을 두려워하지 않는다는 소식이 나에게 들려오기를 바랍
니다. 이것이 그들에게는 멸망의 징조이고 여러분에게는 구
원의 징조입니다. 이것은 하나님께서 하시는 일입니다. 29 하
나님께서는 여러분에게 그리스도를 위한 특권, 즉 그리스도
를 믿는 것뿐만 아니라, 또한 그리스도를 위하여 고난을 받는
특권도 주셨습니다. 30 여러분은 내가 하는 것과 똑같은 투쟁
을 벌이고 있습니다. 여러분은 내가 그렇게 하는 것을 보았으
며, 내가 그렇게 하는 것을 지금 소문으로 듣습니다.

{ 제2장 }

그리스도의 겸손

1 그러므로 그리스도 안에서 여러분에게 무슨 격려나, 사랑
의 무슨 위로나, 성령의 무슨 교제나, 무슨 동정심과 자비
가 있거든, 2 여러분은 같은 생각을 품고, 같은 사랑을 가지
고, 뜻을 합하여 한마음이 되어서, 내 기쁨이 넘치게 해주십
시오. 3 무슨 일을 하든지, 경쟁심이나 허영으로 하지 말고,
겸손한 마음으로 하고, 자기보다 서로 남을 낫게 여기십시
오. 4 또한 여러분은 자기 일만 돌보지 말고, 서로 다른 사람
들의 일도 돌보아주십시오. 5 여러분 안에 이 마음을 품으십
시오. 그것은 곧 그리스도 예수의 마음이기도 합니다. 6 그
는 하나님의 모습을 지니셨으나, 하나님과 동등함을 당연하
게 생각하지 않으시고, 7 오히려 자기를 비워서 종의 모습을
취하시고, 사람과 같이 되셨습니다. 그는 사람의 모양으로

그리스도 예수의 마음(5절)은 어떤 마음을 말하나요? '마음'은 '생각', 곧 구체적인 실천을 이끌어내는 '사고'를 말합니다. 그리스도께서 보여주신 이 태도는 5절 이하에서 감동적으로 그려집니다. 곧 자신을 고집하지 않고, 하나님께 복종하는 마음으로 '자신을 비우고' 죽음에 이르도록 자신을 낮추신 모습입니다. 이런 태도의 구체적 함의는 바로 앞 1–4절에 상세히 묘사되어 있습니다. '나'를 '중심'에 두는 세속적 사고와 달리, 하나님 앞에서 나를 고집하지 않고 이웃을 배려하는 '자기 비움'의 태도입니다. 그리스도인은 '두려움과 떨림'의 자태로 이런 '그리스도의 태도'를 몸소 실천함으로써 자신의 '구원을 만들어'갑니다(12절). 바로 우리 신자들 속에서, 우리 자신의 삶을 통해, 하나님께서 일하시기 때문입니다(13절). 이처럼 선물로 주시는 구원은 하나님께서 하시는 일인 만큼, 우리가 몸소 성취해가는 일이기도 합니다. 바울이 집요하게 신자의 순종을 강조하는 이유가 바로 여기 있습니다.

나타나셔서, 8 자기를 낮추시고, 죽기까지 순종하셨으니, 곧
십자가에 죽기까지 하셨습니다. 9 그러므로 하나님께서는
그를 지극히 높이시고, 모든 이름 위에 뛰어난 이름을 그에
게 주셨습니다. 10 그리하여 하늘과 땅 위와 땅 아래 있는 모
든 것들이 예수의 이름 앞에 무릎을 꿇고, 11 모두가 예수 그
리스도는 주님이시라고 고백하여, 하나님 아버지께 영광을
돌리게 하셨습니다.

여러분은 하나님의 자녀답게 사십시오

12 ○ 그러므로, 사랑하는 여러분, 여러분이 언제나 순종한
것처럼, 내가 함께 있을 때뿐만 아니라, 지금과 같이 내가 없
을 때에도 더욱더 순종하여서, 두렵고 떨리는 마음으로 자기
의 구원을 이루어나가십시오. 13 하나님은 여러분 안에서 활

순종하면 자기의 구원을 이룰 수 있는 건가요? 12절은 순종과 구원이 연결되어 있는 것처럼 느껴집니다. '늘 부족한' 우리는 구원의 방정식에서 나를, 내 삶을 배제하고 싶은 충동에 시달리지만, 구원의 길은 언제나 우리가 걷고 뛰어야 할 여정입니다. 우리는 갚아주시는 하나님을 마음에 두고("두렵고 떨리는 마음으로"), 몸소 자신을 비우신 그리스도의 자태를 모방하면서 우리의 '구원을 이루어'갑니다. 구원을 '만들어간다'(work out, produce)라는 뜻입니다. 이런 생각이 도발적으로 느껴진다면, 구원에 관한 우리의 생각을 점검해보는 것이 좋습니다. 구원을 우리가 만들어가야 하는 이유는 하나님께서 '우리 안에서 일하시는 분'이기 때문입니다. 그분은 우리 안에서 일하셔서 새로운 의지를 갖게 하고 또 그 의지를 실천하게 하십니다(13절). 그러니까 하나님의 구원은 우리와 무관하게 이루어지는 것이 아니라, 우리 안에서 일하시는 하나님을 통해, 즉 바로 우리 자신의 삶을 통해 이루어집니다. 이렇게 믿음은 내 삶의 바깥이 아닌, 내 삶 안에서 일하시는 하나님을 신뢰하는 신앙입니다.

동하셔서, 여러분으로 하여금 하나님을 기쁘게 해드릴 것을
염원하게 하시고 실천하게 하시는 분입니다. 14 무슨 일이
든지, 불평과 시비를 하지 말고 하십시오. 15 그리하여 여러
분은, 흠이 없고 순결해져서, 구부러지고 뒤틀린 세대 가운
데서 하나님의 흠 없는 자녀가 되어야 합니다. 그리하면 여
러분은 이 세상에서 별과 같이 빛날 것입니다. 16 생명의 말
씀을 굳게 잡으십시오. 그리하면 내가 달음질한 것과 수고
한 것이 헛되지 아니하여서, 그리스도의 날에 내가 자랑할
수 있을 것입니다. 17 그리고 여러분의 믿음의 제사와 예배
에 나의 피를 붓는 일이 있을지라도, 나는 기뻐하고, 여러분
모두와 함께 기뻐하겠습니다. 18 여러분도 이와 같이 기뻐하
고, 나와 함께 기뻐하십시오.

디모데와 에바브로디도

19 ○ 나는 주 예수 안에서 디모데를 여러분에게 곧 보내고

2장에는 기쁨과 관련된 언급이 많이 나옵니다. 기쁘다는 감정을 강조한 건가요? 우선 '하나님을 기쁘게' 해드린다는 것은 하나님의 뜻에 오롯이 순종한다는 뜻으로, 보통 생각하는 '기쁨'과는 좀 다릅니다(2:13). 물론 신자들의 기쁨에 관한 이야기도 매우 자주 나옵니다. 우리는 반가운 일이 있을 때 기쁘다고 말합니다. 바울도 그렇습니다(2:17, 28). 하지만 한 걸음 더 나아가, 아예 신자에게 어울리는 삶의 기본 자태로 '기쁨'을 주문하기도 합니다(3:1). 이때의 '기쁨'은 구체적인 상황에서 생기는 심리 상태를 넘어, 삶 전체를 대하는 태도에 가깝습니다. 하나님을 신뢰하는 사람으로서 불평과 불만의 관점이 아닌, 감사와 기쁨의 눈길로 우리 삶을 바라보라는 주문입니다(살전 5:16-18). 온갖 일이 생기는 인생에서 '기쁨'의 자태는 여간 지키기 어려운 태도가 아닙니다. 하지만 바로 이것이 '믿는다'는 말의 구체적 의미 중 하나입니다. '기쁨'이라는 말을 남발하는(?) 바울이 현재 투옥된 상태라는 사실은 많은 것을 생각하게 해줍니다.

싶습니다. 그것은 나도 여러분의 형편을 앎으로써 격려를 받
으려는 것입니다. 20 나에게는, 디모데와 같은 마음으로 진
심으로 여러분의 형편을 염려하여줄 사람이 아무도 없습니
다. 21 모두 다 자기의 일에만 관심이 있고, 그리스도 예수의
일에는 관심이 없습니다. 22 그러나 디모데의 인품은 여러
분이 잘 알고 있습니다. 그는 자식이 아버지에게 하듯이 복
음을 위하여 나와 함께 봉사하였습니다. 23 그러므로 내 일
이 되어가는 것을 보고, 그를 곧 보낼 수 있기를 바랍니다.
24 그리고 나도 곧 가게 되리라는 것을 주님 안에서 확신합
니다.
25 ○ 그러나 나는, 내 형제요 동역자요 전우요 여러분의 사
신이요 내가 쓸 것을 공급한 일꾼인 에바브로디도를 여러분
에게 보내어야 할 필요가 있다고 생각하였습니다. 26 그는
여러분 모두를 그리워하고 있을 뿐만 아니라, 자기가 병을

디모데와 에바브로디도를 소개하는 내용을 보면 바울의 매우 따뜻한 당부가 느껴집니다. 디모데와 에바브로디도는 어떤 인물들인가요? 디모데는 바울이 '아들'이라 부를 만큼 아끼는 동료요, 제자입니다. 바나바와 결별한 후 발탁한 인물로(행 16:1–3), 10년 넘게 바울의 선교에서 핵심 조력자로 활동했습니다(고전 4:17; 살전 3:2–6). 갈라디아서, 에베소서, 디도서를 제외한 다른 모든 편지에 그의 이름이 언급됩니다. 바울이 에베소에서 목회할 때 디모데에게 보낸 두 개의 편지가 신약성경에 들어 있습니다(디모데전서, 디모데후서). 본문에서만 등장하는 에바브로디도는 빌립보교회가 바울에게 보낸 후원금 전달자로(4:18), 여정 중에 병을 앓았습니다. 그래서 바울은 걱정하는 신자들을 생각해 그를 다시 돌려보냅니다(2:25–28). 에바브로디도의 때 이른 귀환에 대한 비난을 예상한 바울의 해명일 수도 있습니다. 바울은 온갖 언어를 동원해 그를 '내 형제, 동역자, 전우, 여러분의 사신(사도), 자신의 필요를 채운 일꾼'이라 부릅니다. 선물 전달자이자 자신을 위해 생사의 고비를 넘은 이에 대한 애정과 감사의 마음이 묻어납니다.

앓았다는 소식을 여러분이 들었기 때문에, 몹시 걱정하고 있
었습니다. 27 사실, 그는 병이 나서 죽을 뻔하였습니다. 그
러나 하나님께서 그를 불쌍히 여기시고, 그만이 아니라 나도
불쌍히 여기셔서, 나에게 겹치는 근심이 생기지 않게 해주셨
습니다. 28 그러므로 내가 더욱 서둘러서 그를 보냅니다. 그
것은 여러분이 그를 다시 보고서 기뻐하게 하려는 것이며,
나도 나의 근심을 덜려는 것입니다. 29 그러므로 여러분은
주 안에서 기쁜 마음으로 그를 영접하십시오. 또 그와 같은
이들을 존경하십시오. 30 그는 그리스도의 일로 거의 죽을
뻔하였고, 나를 위해서 여러분이 다하지 못한 봉사를 채우려
고 자기 목숨을 아끼지 않은 사람이기 때문입니다.

{ 제3장 }

하나님의 의

1 끝으로, 나의 형제자매 여러분, 주 안에서 기뻐하십시오. 내
가 같은 말을 되풀이해서 쓰는 것이 나에게는 번거롭지도 않
고, 여러분에게는 안전합니다.
2 ○ 개들을 조심하십시오. 악한 일꾼들을 조심하십시오. 살
을 잘라내는 할례를 주장하는 자들을 조심하십시오. 3 하나
님의 영으로 예배하며, 그리스도 예수 안에서 자랑하며, 육
신을 의지하지 않는 우리들이야말로, 참으로 할례 받은 사람
입니다. 4 하기야, 나는 육신에도 신뢰를 둘 만합니다. 다른
어떤 사람이 육신에 신뢰를 둘 만한 것이 있다고 생각하면,
나는 더욱 그러합니다. 5 나는 난 지 여드레 만에 할례를 받

개들, 악한 일꾼들, 살을 잘라내는 할례를 주장하는 사람들을 조심하라고 강조합니다. 이들은 무엇 때문에 바울에게 경계의 대상으로 지목된 건가요? 부활하신 그리스도에게서 알 수 있듯, 복음의 핵심은 새로운 생명의 선물입니다(10–11절). 이 생명은 인간적 조건을 무시한, 창조주 하나님의 선물입니다. 이 차별 없는 은혜는 끊임없이 조건을 따지고 서로를 구별하고 차별하려는 인간의 충동과 어긋납니다. 이 구별이 신앙의 이름으로 정당화될 때도 많습니다. 바울 당시에는 할례에 대한 유대인의 집착이 그랬습니다. 유대인들은 예수님을 통해 주시는 생명을 알면서도 여전히 할례로 대표되는 유대인의 남다름을 말하고 싶었습니다. 이는 조건 없는 은혜와 생명을 선포하는 바울의 사역에 큰 걸림돌이었습니다. 바울의 거친 언어는 이런 어려움을 반영합니다. "악한 일꾼들"은 속된 말로 신자를 이용해 자기 영달을 추구하는 '먹사들'입니다. "살을 잘라내는 할례"는 '거세'입니다. 할례(포경수술) 정도가 아니라 아예 생식기 전체를 잘라버리라는 악담입니다. 바울의 이런 격한 반응은 그들이 복음의 본질을 훼손한다는 판단 때문입니다.

았고, 이스라엘 민족 가운데서도 베냐민 지파요, 히브리 사
람 가운데서도 히브리 사람이요, 율법으로는 바리새파 사람
이요, 6 열성으로는 교회를 박해한 사람이요, 율법의 의로
는 흠 잡힐 데가 없는 사람이었습니다. 7 [그러나] 나는 내게
이로웠던 것은 무엇이든지 그리스도 때문에 해로운 것으로
여기게 되었습니다. 8 그뿐만 아니라, 내 주 예수 그리스도
를 아는 지식이 가장 고귀하므로, 나는 그 밖의 모든 것을 해
로 여깁니다. 나는 그리스도 때문에 모든 것을 잃었고, 그 모
든 것을 오물로 여깁니다. 나는 그리스도를 얻고, 9 그리스
도 안에 있는 사람으로 인정받으려고 합니다. 나는 율법에서
생기는 나 스스로의 의가 아니라, 그리스도를 믿는 믿음으로
말미암아 오는 의 곧 믿음에 근거하여, 하나님에게서 오는
의를 얻으려고 합니다. 10 내가 바라는 것은, 그리스도를 알
고, 그분의 부활의 능력을 깨닫고, 그분의 고난에 동참하여,

바울이 설명하는 그의 선택과 소망을 보면 그리스도만이 전부인 것처럼 보입니다. 예수를 믿는다고 하면 누구나 다 그렇게 되어야 하나요? 신약성경 갈라디아서에서 바울은 자신은 이미 죽고 자기 안에 그리스도께서 살고 계신다고 말합니다(갈 2:20). 그래서 "그리스도 말고는 자랑할 것이 없다"라고 합니다(갈 6:14). 빌립보서에서는 자기 몸, 곧 자기 삶에서 그리스도의 존재감이 드러나는 것이 가장 중요하다고 말합니다(1:20). 얼핏 그리스도가 바울의 존재 자체를 대신하는 것처럼 보입니다. 그러나 나 자신도, 나의 삶도 사라지는 것이 아닙니다. 문제는 내 삶의 토대와 방향입니다. 바울은 그리스도를 만나면서 삶의 전기를 맞았습니다. 기존의 가치 체계가 헛된 것으로 드러나고, 이제 '그리스도 안에서 발견되는' 것이 최고의 가치라 말합니다(3:2-7). 그의 삶은 그리스도께서 이미 붙잡으신 그것을 붙잡으려는 노력, 곧 지금 그리스도의 고난을 본받음으로써 자기 또한 그리스도의 부활에 동참하려는 땀 흘림입니다(3:8-11). 그리스도는 우리 미래의 열쇠이고, 그래서 그분은 오늘 우리 삶의 토대요, 방향이 됩니다. 이것이 기독교 신앙의 본질입니다.

그분의 죽으심을 본받는 것입니다. 11 그리하여 나는 어떻게
해서든지, 죽은 사람들 가운데서 살아나는 부활에 이르고 싶
습니다.

목표를 향한 달음질

12 ○ 나는 이것을 이미 얻은 것도 아니며, 이미 목표점에 다
다른 것도 아닙니다. 그리스도 [예수]께서 나를 사로잡으셨으
므로, 나는 그것을 붙들려고 좇아가고 있습니다. 13 형제자매
여러분, 나는 아직 그것을 붙들었다고 생각하지 않습니다. 내
가 하는 일은 오직 한 가지입니다. 뒤에 있는 것은 잊어버리
고, 앞에 있는 것을 향하여 몸을 내밀면서, 14 그리스도 예수
안에서, 하나님께서 위로부터 부르신 그 부르심의 상을 받으
려고, 목표점을 바라보고 달려가고 있습니다. 15 그러므로 누
구든지 성숙한 사람은 이와 같이 생각하십시오. 여러분이 무

"우리의 시민권은 하늘에 있다"(20절)는 말로 바울이 말하고자 하는 것은 무엇인가요? 당시 빌립보는 로마의 직할 도시로, 빌립보 시민은 로마 시민이기도 했습니다. '우리 로마 시민'이라는 자부심은 빌립보 주민들의 의식과 삶 전반에서 드러났습니다(행 16:21). 바울은 이런 분위기를 수사적으로 활용합니다. 빌립보 사람들은 로마 시민이라는 정체성을 자랑스러워하며, 매사에 로마 시민처럼 행동하려 합니다. 반면 그리스도인은 자신의 존재를 이 세상의 신분이나 조건이 아닌, '그리스도 안에서' 찾으려 합니다. 지금 그리스도의 발자취를 따르면서, 장차 그분이 우리의 '구원자'로 '하늘', 곧 하나님께로부터 오실 것을 기다립니다(20절). 그때 신자들은 그리스도에 의해 영광의 몸으로 부활하고 변화할 것입니다(21절). 바울은 우리가 고대하는 이 '상'(prize)이 '그리스도를 통해 하나님께서 주신 위로부터의 부르심'이라 말합니다(14절). 그런 의미에서 그리스도인은 하늘로부터 시민권, 곧 시민으로서 정체성을 얻은 사람입니다.

엇인가를 달리 생각하면, 하나님께서는 그것도 여러분에게
드러내실 것입니다. 16 어쨌든, 우리가 어느 단계에 도달했든
지 그 단계에 맞추어서 행합시다.
17 ○ 형제자매 여러분, 다 함께 나를 본받으십시오. 여러분
이 우리를 본보기로 삼은 것과 같이, 우리를 본받아서 사는
사람들을 눈여겨보십시오. 18 내가 여러분에게 여러 번 말하
였고, 지금도 눈물을 흘리면서 말하지만, 그리스도의 십자가
의 원수로 살아가는 사람이 많이 있습니다. 19 그들의 마지막
은 멸망입니다. 그들은 배를 자기네의 하나님으로 삼고, 자기
네의 수치를 영광으로 삼고, 땅의 것만을 생각합니다. 20 그
러나 우리의 시민권은 하늘에 있습니다. 그곳으로부터 우리
는 구주로 오실 주 예수 그리스도를 기다리고 있습니다. 21 그
분은 만물을 복종시킬 수 있는 권능으로, 우리의 비천한 몸을
변화시키셔서, 자기의 영광스러운 몸과 같은 모습이 되게 하
실 것입니다.

{ 제4장 }

1 그러므로 사랑하고 사모하는 나의 형제자매 여러분, 나의
기쁨이요 나의 면류관인 사랑하는 여러분, 이와 같이 주님 안
에 굳건히 서계십시오.

권면

2 ○ 나는 유오디아에게 권면하고, 순두게에게도 권면합니
다. 주님 안에서 같은 마음을 품으십시오. 3 그렇습니다. 나
의 진정한 동지여, 그대에게도 부탁합니다. 이 여인들을 도
와주십시오. 이 여인들은 글레멘드와 그 밖의 나의 동역자들
과 더불어, 복음을 전하는 일에 나와 함께 애쓴 사람들입니
다. 그들의 이름은 생명책에 기록되어 있습니다. 4 주님 안에
서 항상 기뻐하십시오. 다시 말합니다. 기뻐하십시오. 5 여러
분의 관용을 모든 사람에게 알리십시오. 주님께서 가까이 오

계속해서 권면하거나 부탁하는 사람의 이름들이 나옵니다. 이들은 바울에게 어떤 사람들이었나요? 편지는 서로 떨어져 있는 상황에서 쓰기 때문에 함께 있었더라면 했을 법한 이야기들이 자주 나옵니다. 교회 전체에게 쓰는 편지지만, 간간이 특정 개인에게 말을 거는 장면이 나오는 것이 좋은 예입니다. 모두에게 한마음이 되라고 훈계하지만, 특별히 지도자들 간의 평화는 더욱 중요합니다. 그래서 바울은 유오디아와 순두게를 따로 지목해 부탁합니다. 그리고 이름이 소개되지 않은 '그대'를 '진실한 동역자'로 지목하며, 이 여성 지도자들 사이에서 중재 역할을 해달라고 부탁합니다. 어쩌면 이 '그대'는 이 편지를 갖고 갔을 에바브로디도일 수 있습니다. 또 바울은 "글레멘드와 그 밖의 나의 동역자들"에 대해서도 언급합니다. 교회 전체를 향한 편지에 이들의 이름을 기록함으로써 함께 있으면서 직접 부탁하는 것과 같은 효과를 의도합니다.

셨습니다. 6 아무것도 염려하지 말고, 모든 일을 오직 기도와
간구로 하고, 여러분이 바라는 것을 감사하는 마음으로 하나
님께 아뢰십시오. 7 그리하면 사람의 헤아림을 뛰어넘는 하
나님의 평화가 여러분의 마음과 생각을 그리스도 예수 안에
서 지켜줄 것입니다.
8 ㅇ 마지막으로, 형제자매 여러분, 무엇이든지 참된 것과,
무엇이든지 경건한 것과, 무엇이든지 옳은 것과, 무엇이든 순
결한 것과, 무엇이든 사랑스러운 것과, 무엇이든지 명예로운
것과, 또 덕이 되고 칭찬할 만한 것이면, 이 모든 것을 생각하
십시오. 9 그리고 여러분은 나에게서 배운 것과 받은 것과 듣
고 본 것들을 실천하십시오. 그리하면 평화의 하나님께서 여
러분과 함께하실 것입니다.

빌립보 사람들의 선물

10 ㅇ 나를 생각하는 마음이 여러분에게 지금 다시 일어난 것

8절은 여러 좋은 것들이 나열된 뒤, "이 모든 것을 생각하십시오"라는 말로 끝납니다. 어떻게 하라는 말인가요? 여기서 '생각하라'는 말은 추상적 사색이 아닌, 실천적 사유입니다. "나는 그럴 생각이 전혀 없다"라고 말할 때와 같습니다. "관심을 기울이라"는 뜻입니다. '이 모든 것'은 정확히 '이런 것들'인데, 제시된 목록을 일반화하는 화법입니다. 모든 항목을 제시한 것이 아니라, 몇 가지 대표적 예를 들고 '이런 것들'이라고 뭉뚱그리는 것입니다(갈 5:21). 그러니까 제시된 개별 항목들에 집착하지 말고, 목록이 나타내는 큰 범주가 무엇인지 생각해서 '무엇이든' 혹은 '어떤 상황이든' 그런 덕목을 추구하라는 뜻입니다. 본문에서는 예로 든 항목들조차 매우 느슨합니다. 결국 무엇이 올바르고 칭찬할 만한 일인지 독자들이 알아서 '생각하라'는 말입니다. 이처럼 바울은 일방적 지시와 사유 없는 맹종이 아니라, 신자들 편에서 주체적이고 성숙한 판단력을 요구합니다. 그래서 '생각해보라'는 주문이 자주 나옵니다.

을 보고, 나는 주님 안에서 크게 기뻐하였습니다. 사실, 여러
분은 나를 항상 생각하고 있었지만, 그것을 나타낼 기회가 없
었던 것입니다. 11 내가 궁핍해서 이렇게 말하는 것이 아닙니
다. 나는 어떤 처지에서도 스스로 만족하는 법을 배웠습니다.
12 나는 비천하게 살 줄도 알고, 풍족하게 살 줄도 압니다. 배
부르거나, 굶주리거나, 풍족하거나, 궁핍하거나, 그 어떤 경
우에도 적응할 수 있는 비결을 배웠습니다. 13 나에게 능력을
주시는 분 안에서, 나는 모든 것을 할 수 있습니다. 14 그러나
여러분이 나의 고난에 동참한 것은 잘한 일입니다.

15 ○ 빌립보의 교우 여러분, 여러분도 아는 바와 같이, 내
가 복음을 전파하던 초기에 마케도니아를 떠날 때에, 주고받
는 일로 나에게 협력한 교회는 여러분밖에 없습니다. 16 내
가 데살로니가에 있을 때에도, 여러분은 내가 쓸 것을 몇 번
보내어주었습니다. 17 나는 선물을 바라지 않습니다. 나는
여러분의 장부에 유익한 열매가 늘어나기를 바랍니다. 18 나
는 모든 것을 받아서, 풍족하게 지내고 있습니다. 나는 여러
분이 보내준 것을 에바브로디도로부터 받아서 풍족합니다.
그것은 아름다운 향기이며, 하나님께서 기쁘게 받으시는 제

편지가 마무리되는 부분쯤, 어떤 처지에도 스스로 만족하고 어떤 경우에도 적응할 수 있는 비결을 배웠다는 등 바울은 마치 인생에 달관한 사람처럼 보입니다. 어떤 상황이기에 이렇게 말한 건가요? 구체적으로 빌립보서는 빌립보교회 신자들의 경제적 도움에 감사하는 편지입니다. 편지 첫머리에 적힌 복음 혹은 은혜에 함께 참여해주었다는 말들이 바로 이 도움에 대한 감사입니다(1:5, 7). 바울은 다시 이 도움에 감사하며 편지를 끝내려 합니다(4:10). 그리고 반복된 감사 인사가 지속적인 후원 요청이 아니라고 해명합니다(11-13, 17-18절). 사실 바울은 어떤 처지에서든 잘 지낼 수 있습니다(11절). 돈이 있든 없든, 잘 지내는 비결을 배웠기 때문입

물입니다. 19 나의 하나님께서 자기의 풍성하심을 따라 그리
스도 예수 안에 있는 영광으로 여러분에게 필요한 것을 모두
채워주실 것입니다. 20 하나님 우리 아버지께 영광이 영원
히 있기를 빕니다. 아멘.

작별 인사

21 ○ 그리스도 예수 안에 있는 모든 성도에게 문안하십시오.
나와 함께 있는 교우들이 여러분에게 문안합니다. 22 모든 성
도가 여러분에게 문안합니다. 특히 황제의 집안에 속한 사람
들이 여러분에게 문안합니다. 23 주 예수 그리스도의 은혜가
여러분의 심령과 함께 있기를 빕니다.

니다(12절). 이렇게 '다'(=모든) 잘 지낼 수 있는 비결은 '나에게 능력을 주시는 분' 입니다(13절). 12절을 요약하는 13절은 일반적 이야기가 아니라, 경제적 상황에 관계없이 '다' 잘 지낼 수 있다는 자족의 고백입니다. 돈이 있든 없든, 자족하는 능력을 주시는 그리스도가 계셔서 걱정이 없다는 뜻입니다. 그러니 자신의 후원에 대한 감사와 칭찬을 오해하지 말고 들어달라는 의미입니다(14–19절).

골로새서

Colossians

모든 선한 일에 힘쓰며
하나님을 아는 지식에
더욱 자라기를

신자들은 심오해 보이지만 실제로는 우리를 속이는
교묘한 말에 휘둘리지 말고,
그리스도 안에 견고한 믿음의 뿌리를 내리도록 해야 합니다.
그러니까 철학이나 헛된 속임수에 사로잡히지 말라는 주문입니다.
이런 견고함 속에서 모든 선한 일에 힘쓰며
하나님을 아는 지식에 더욱 자라도록 하자는 부탁입니다.
이런 삶이 주께 합당히 사는 삶이고, 이런 삶의 마지막에
하나님께서 약속하신 구원이 유산으로 주어질 것이기 때문입니다.

골로새서는 에베소서와 소소한 부분까지 겹치는 경우가 꽤 있습니다. 선후 관계를 말하긴 어렵지만, 태생적으로 서로 관계가 깊은 문서임에는 틀림없습니다. 골로새는 항구도시 에베소에서 동쪽으로 약 180km 내륙에 있던 도시입니다. 인근의 라오디게아, 히에라폴리스(히에라볼리) 등과 함께 직물산업으로 유명했던 지역입니다.

골로새 지역은 바울이 아니라 바울을 통해 복음을 받았던 골로새 출신의 제자 에바브라에 의해 복음화된 것으로 보입니다(1:7; 4:12-13). 물론 바울은 골로새의 신자들을 사실상 자신이 선교해 세운 교회처럼 간주합니다.

편지를 쓸 당시 바울은 갇힌 상태였습니다. 그래서 이 편지는 바로 앞에 놓인 에베소서, 빌립보서와 더불어 '옥중서신'(prison letters)이라 불립니다. 골로새서에도 수감과 관련된 구체적 정보는 전혀 없습니다. 다른 옥중서신처럼 여기서도 저술 장소에 대해 이런저런 주장들이 제시되지만(로마, 가이사랴, 에베소), 사실상 추측의 수준을 넘지 않습니다. 골로새서와 빌레몬서와의 긴밀한 연관을 생각하면, 빌레몬서를 쓸 때와 유사한 시점에 기록된 것으로 보입니다(4:9).

오직 그리스도의 십자가 죽음과 부활만이

바울이 골로새서를 기록한 가장 직접적인 계기는 당시 골로새교회에 번지고 있던 잘못된 가르침 때문으로 보입니다. 그는 교회에 거짓 교사들이 활동하고 있으며, 이들이 신자들의 신앙에 매우 심각한 영향을 미치고 있다는 소식을 에바브라를 통해 들었습니다. 거짓 교사들은 자기들의 가르침을 '철학'이라 불렀습니다(2:8). 그러나 바울이 말하는 내용으로 추정해보면 그 가르침은 유대교 전통의 두드러진 항목들과 이방 종교의 특징들이 혼합된 것으로 보입니다.

골로새의 '이단'을 명확하게 하나의 세력으로 규정하기 어려운 이유는 이런 혼합적 성격 때문입니다. 이들은 유대교에서 정체성의 요건으로 중요시했던 항목들, 곧 할례와 거룩한 날들 준수를 비롯한 여러 규정을 금욕주의적 기조로 결합했고(2:6, 11, 16), 이를 천사와 같은 천상적 존재에 복종해야 한다는 주장과 연결한 것으로 보입니다(2:18-19). 그리고 이런 혼합주의적 '영성'을 그리스도에 대한 믿음과 뒤섞어서 이런 방식으로 심오한 수준의 신앙에 이를 수 있다고 가르쳤을 것입니다.

바울은 그리스도의 존재와 그분이 이루신 일들을 새롭게 가르침으로써 그런 이단적 주장의 허구성을 드러냅니다. 우리는 하나님의 아들 그리스도 안에서 죄 사함을 받았으며(1:14), 그분은 모든 창조세계의 으뜸이실 뿐 아니라, 자신의 십자가 죽음으로 모든 창조세계를 자기와 화해시키는 분입니다(1:15-23). 그분은 죽음과 부활로 인간을 사로잡는 어둠의 세력들을 정복하셨으며, 사소한 인간들 사이의 경계를 허무셨습니다.

주께 합당히 사는 삶이란

그래서 복음은 할례와 같은 유대교의 외면적 요구를 넘어갑니다. 또 그리스도께서는 부활의 생명을 바탕으로 사람들이 어둠의 세력에서 벗어나 자유로운 참 하나님을 섬길 수 있도록 하셨습니다. 그리스도 안에서 신자들은 옛 존재를 버리고 새로운 존재로 살아가며, 무의미한 행습들 대신 '위의 것' 곧 새 생명의 삶을 추구하며 구원의 소망을 키워갑니다.

신자들은 심오해 보이지만 실제로는 우리를 속이는 '교묘한 말'에 휘둘리지 말고, 그리스도 안에 견고한 믿음의 뿌리를 내리도록 해야 합니다(2:4–7). 그러니까 '철학이나 헛된 속임수'에 사로잡히지 않도록 하라는 주문입니다(2:8). 이런 견고함 속에서 모든 선한 일에 힘쓰며 하나님을 아는 지식에 더욱 자라도록 하자는 부탁입니다. 이런 삶이 '주께 합당히' 사는 삶이고, 이런 삶의 마지막에 하나님께서 약속하신 구원이 유산으로 주어질 것이기 때문입니다(1:9–14).

편지 후반의 여러 구체적인 가르침은 이런 근본적인 요구를 당시의 상황에 어울리게 적용한 것들입니다. 이런 것들은 전혀 다른 문화를 살아가는 우리에게 복음의 보편성과 상황의 특수성의 관계를 숙고하게 하는 흥미로운 주제들이 되기도 합니다.

{ 제1장 }

인사

1 하나님의 뜻으로 그리스도 예수의 사도가 된 나 바울과 형제
인 디모데가, 2 골로새에 있는 성도들 곧 그리스도 안에 있는
신실한 형제자매들에게 이 편지를 씁니다. 우리 아버지 하나
님께서 내려주시는 은혜와 평화가 여러분에게 있기를 빕니다.

하나님께 감사를 드리다

3 ○ 우리는 여러분을 위하여 기도할 때에, 항상 우리 주 예
수 그리스도의 하나님 아버지께 감사를 드립니다. 4 우리는
그리스도 예수에 대한 여러분의 믿음과 모든 성도를 향해서
여러분이 품고 있는 사랑을 전해 들었습니다. 5 이 믿음과 사

1장 내용은 서두의 편지 형식을 제외하고는 마치 한 편의 설교 같습니다. 바울은 무슨 이야기를 하려는 건가요? 골로새교회는 바울이 아닌 바울의 동역자 에바브라의 선교로 세워졌습니다(7절). 편지를 시작하면서 바울은 그들이 복음을 알게 된 과정을 되새기고(3–8절), 성도를 위해 기도합니다(9–12절). 이 기도는 자연스레 복음의 중심인 하나님의 아들에 관한 이야기가 되고(13–14절), 곧바로 이 아들에 관한 깊은 신학적 묵상으로 이어집니다(15–20절). 또 골로새 신자들이 이 아들을 통해 부르심을 받았다는 사실을 상기시키고(21–24절), 이들과 같은 비유대인의 선교를 위해 헌신하는 바울 자신에 관해 이야기합니다(25–29절). 이를 토대로 2장부터는 보다 구체적인 훈계를 합니다. 그러니까 1장에서 바울은 현재 교회를 괴롭히는 문제와 관련한 구체적 지침을 주기 위한 신학적, 목회적 멍석을 깔고 있습니다. 올바른 신앙의 중심이신 그리스도에 관해 깊이 숙고하고, 비유대인의 사도로서 자신의 역할과 권위를 선명히 함으로써, 이어지는 권고에 신학적 논리와 권위를 더하는 것입니다.

랑은 여러분을 위하여 하늘에 쌓아두신 소망에 근거합니다.
이 소망은 여러분이 진리의 말씀 곧 복음을 받아들일 때에 이
미 들은 것입니다. 6 이 복음은 온 세상에 전해진 것과 같이,
여러분에게 전해졌습니다. 여러분이 하나님의 은혜를 듣고서
참되게 깨달은 그날로부터, 여러분 가운데서와 같이 온 세상
에서 열매를 맺으며 자라고 있습니다. 7 여러분은 하나님의
은혜를 우리와 함께 종이 된 사랑하는 에바브라에게서 배웠
습니다. 그는 여러분을 위해서 일하는 그리스도의 신실한 일
꾼이요, 8 성령 안에서 여러분의 사랑을 우리에게 알려준 사
람입니다.

그리스도의 인격과 그분이 하시는 일

9 ○ 그러므로 우리가 여러분의 소식을 들은 그날부터, 우리
도 여러분을 위하여 쉬지 않고 기도합니다. 우리는 하나님께
서 여러분에게 모든 신령한 지혜와 총명으로 하나님의 뜻을

주님께 합당하게 살아간다는 것은 무슨 의미인가요? 복음을 통해 신자는 하나님과의 언약 관계로 들어갑니다. 하나님과 이스라엘의 언약에서 보듯, 관계는 본질적으로 상호적입니다. 하나님께서 은혜로 다가오시는 만큼, 우리는 그 은혜의 특권에 어울리는 나름의 책임을 갖습니다. 초대교회는 그래서 이를 하나님의 '부르심'이라 표현했습니다. 선명한 목적을 갖고 우리를 부르셨다는 뜻입니다. 에베소서와 마찬가지로 골로새서에서 그 목적은 우리가 하나님 앞에서 거룩하고 흠 없는 존재 혹은 부족함이 없는 완전한 존재가 되는 것입니다(1:22, 28; 3:12; 엡 1:4; 5:25–27). 물론 이는 복음의 소망, 곧 구원이라는 목표와 닿아 있습니다(1:23). 곧 우리의 소망이신 그리스도 안에서 구원을 바라보며 거룩하게 사는 것이 부르심의 목적입니다. 이 뜻을 받들며 사는 것이 이 부르심에 '합당한' 혹은 그 부르심에 값하는 삶입니다. 선택된, 거룩한, 사랑받는 사람'답게' 사는 것입니다(3:12).

아는 지식을 채워주시기를 빕니다. 10 여러분이 주님께 합당
하게 살아감으로써, 모든 일에서 그분을 기쁘게 해드리고, 모
든 선한 일에서 열매를 맺고, 하나님을 점점 더 알고, 11 하나
님의 영광의 권능에서 오는 모든 능력으로 강하게 되어서, 기
쁨으로 끝까지 참고 견디기를 바랍니다. 12 그리하여 성도들
이 받을 상속의 몫을 차지할 자격을 여러분에게 주신 아버지
께, 여러분이 빛 속에서 감사를 드리게 되기를 우리는 바랍
니다. 13 아버지께서 우리를 암흑의 권세에서 건져내셔서, 자
기의 사랑하는 아들의 나라로 옮기셨습니다. 14 우리는 그 아
들 안에서 구속 곧 죄 사함을 받았습니다. 15 그 아들은 보이
지 않는 하나님의 형상이시요, 모든 피조물보다 먼저 나신 분
이십니다. 16 만물이 그분 안에서 창조되었습니다. 하늘에
있는 것들과 땅에 있는 것들, 보이는 것들과 보이지 않는 것
들, 왕권이나 주권이나 권력이나 권세나 할 것 없이, 모든 것
이 그분으로 말미암아 창조되었고, 그분을 위하여 창조되었
습니다. 17 그분은 만물보다 먼저 계시고, 만물은 그분 안에
서 존속합니다. 18 그분은 교회라는 몸의 머리이십니다. 그는
근원이시며, 죽은 사람들 가운데서 제일 먼저 살아나신 분이

바울은 '그 아들'에 대해 자세히 설명합니다. 그 아들에 대한 이와 같은 의미 부여는 바울 자신이 규정한 것인가요? 아니면 성경에 근거한 것인가요? 하나님의 아들에 관한 긴 묵상은 마치 익숙한 노래를 인용하는 것처럼 들립니다(15-20절). 실제 그랬을 수도 있고, 바울 스스로 작성한 것일 수도 있습니다. 여기엔 모든 창조의 대리자요, 창조세계를 지탱하는 분으로서 최고의 권위를 가지신 그리스도의 모습이 나옵니다. 그분이 바로 우리 교회의 머리라는 사실, 그리고 그분을 통해 모든 평화가 이루어진다는 사실도 나옵니다. 흥미로운 생각들이지만, 이는 바울서신의 다른 부분은 물론 신약성경의 다른 글에서도 찾아볼 수 있는 내용입니다. 가령 창조

십니다. 이는 그분이 만물 가운데서 으뜸이 되시기 위함입니
다. 19 하나님께서는 그분의 안에 모든 충만함을 머무르게 하
시기를 기뻐하시고, 20 그분의 십자가의 피로 평화를 이루셔
서, 그분으로 말미암아 만물을, 곧 땅에 있는 것들이나 하늘
에 있는 것들이나 다, 자기와 기꺼이 화해시켰습니다.
21 ○ 전에 여러분은 악한 일로 하나님을 멀리 떠나 있었고,
마음으로 하나님과 원수가 되어 있었습니다. 22 그러나 지금
은 하나님께서 그리스도의 죽으심을 통하여, 그분의 육신의
몸으로 여러분과 화해하셔서, 여러분을 거룩하고 흠이 없고
책망할 것이 없는 사람으로 자기 앞에 내세우셨습니다. 23 그
러므로 여러분은 믿음에 튼튼히 터를 잡아 굳건히 서 있어야
하며, 여러분이 들은 복음의 소망에서 떠나지 말아야 합니다.
이 복음은 하늘 아래 있는 모든 피조물에게 전파되었으며, 나
바울은 이 복음의 일꾼이 되었습니다.

교회에서 바울이 하는 일

24 ○ 이제 나는 여러분을 위하여 고난을 받는 것을 기쁘게

의 대행자로서 하나님의 아들에 관한 생각은 요한복음서(요 1:3, 10)나 히브리서(히 1:2–3)에서도 볼 수 있습니다. 모든 창조세계의 평화를 이루시는 분이나 교회의 머리이신 그리스도의 이야기는 골로새서의 자매 편지에 해당하는 에베소서에도 똑같이 등장합니다(엡 1:20–23; 4:15–16). 아마도 교회가 공유한 공통의 고백을 바울 특유의 언어로 표현했다는 말이 가장 어울릴 것입니다.

여기고 있으며, 그리스도의 남은 고난을 그분의 몸 곧 교회를
위하여 내 육신으로 채워가고 있습니다. 25 나는 하나님께서
여러분을 위하여 하나님의 말씀을 남김없이 전파하게 하시
려고 내게 맡기신 사명을 따라, 교회의 일꾼이 되었습니다.
26 이 비밀은 영원 전부터 모든 세대에게 감추어져 있었는
데, 지금은 그 성도들에게 드러났습니다. 27 하나님께서는 이
방 사람 가운데 나타난 이 비밀의 영광이 얼마나 풍성한지를
성도들에게 알리려고 하셨습니다. 이 비밀은 여러분 안에 계
신 그리스도요, 곧 영광의 소망입니다. 28 우리는 이 그리스
도를 전합니다. 우리는 모든 사람을 그리스도 안에서 온전한
사람으로 세우기 위하여 모든 사람에게 권하며, 지혜를 다하
여 모든 사람을 가르칩니다. 29 이 일을 위하여 나도 내 속에
서 능력으로 작용하는 그분의 활력을 따라 수고하며 애쓰고
있습니다.

그리스도는 죽었다가 부활해 지금 여기에 없는데, "그리스도의 남은 고난"(24절)은 무엇을 말하는 것인가요? 그리스도의 고난에 아직 채워야 할 부분이 있다는, 다분히 도발적인 발상입니다. 물론 신자를 위한 그리스도의 고난이 부족했다는 의미와는 거리가 멉니다. 하지만 교리적 조바심을 넘어서는 창조적 사유가 필요할 때도 있습니다. 바울은 자신의 삶을 그리스도의 고난, 곧 그분의 죽음에 참여하는 과정으로 규정합니다(빌 3:10). 이 참여의 과정은 마치 이어달리기처럼 그리스도의 고난을 그분의 종 바울이 이어가는 것으로 말할 수 있습니다. 또한 복음 전파자로서 바울이 수행하는 이 고난의 모방은 이 편지의 독자들('여러분'), 곧 그리스도의 몸에 해당하는 교회를 위한 것입니다. 교회가 머리이신 그리스도의 몸이라면, 교회를 위한 고난은 그리스도를 위한 고난이라는 말도 가능합니다. "그리스도의 남은 고난을 채운다"라는 생각은 이런 숙고의 결과물일 것입니다.

{ 제2장 }

1 여러분과 라오디게아에 있는 사람들과 그 밖에 내 얼굴을
직접 보지 못한 사람들을 위하여 내가 얼마나 애쓰고 있는지
여러분이 알기를 바랍니다. 2 내가 이렇게 하는 것은 여러분
모두가 사랑으로 결속되어 마음에 격려를 받고, 깨달음에서
생기는 충만한 확신의 모든 풍요에 이르고, 하나님의 비밀인
그리스도를 온전히 알게 하려는 것입니다. 3 그리스도 안에
는 모든 지혜와 지식의 보화가 감추어져 있습니다. 4 내가 이
말을 하는 것은, 아무도 교묘한 말로 여러분을 속이지 못하게
하기 위함입니다. 5 나는 육체로는 비록 떠나 있으나, 영으로
는 여러분과 함께 있으며, 여러분이 질서 있게 살아가는 것과
그리스도를 믿는 여러분의 믿음이 굳건한 것을 보고 기뻐하
고 있습니다.

바울은 어떤 의도에서 그리스도를 하나님의 비밀이라고 말했나요?(2절) 에베소서에서도 바울은 '비밀'이라는 말을 사용합니다. 거기서는 하나님의 언약이 유대인의 경계를 넘어 모든 민족에게 확장된다는 사실을 가리키는 표현이었습니다. 물론 이는 그리스도 안에서 이루어지기 때문에 '그리스도의 비밀'이라 불립니다(엡 3:4). 골로새서에서도 '비밀'은 하나님의 구원이 모든 민족에게 주어진다는 사실로 요약됩니다. 이 비밀은 그리스도인('여러분') 안에 계신 그리스도입니다(1:27; 2:2). 에베소서와 같이(엡 2:11-22; 3:1-13), 골로새서에서도 바울은 비유대인 신자들이 그들에게 주어진 영광의 소망이 얼마나 놀라운 것인지 확실하게 깨닫기를 바랍니다(1:27). 그 소망을 토대로 그들이 성숙한 사람으로 자랄 것이기 때문입니다(1:28). 또 이런 확신이 있어야 온갖 나쁜 가르침에 잘 현혹되지 않을 겁니다. 바로 이것이 바울의 실질적 염려이자 관심사입니다.

그리스도 안에서 사십시오

6 ○ 그러므로 여러분이 그리스도 예수를 주님으로 받아들였
으니, 그분 안에서 살아가십시오. 7 여러분은 그분 안에 뿌리
를 박고, 세우심을 입어서, 가르침을 받은 대로 믿음을 굳게
하여 감사의 마음이 넘치게 하십시오. 8 누가 철학이나 헛된
속임수로, 여러분을 노획물로 삼을까 조심하십시오. 그런 것
은 사람들의 전통과 세상의 유치한 원리를 따라 하는 것이요,
그리스도를 따라 하는 것이 아닙니다. 9 그리스도 안에 온갖
충만한 신성이 몸이 되어 머물고 계십니다. 10 여러분도 그
분 안에서 충만함을 받았습니다. 그리스도는 모든 통치와 권
세의 머리이십니다. 11 그분 안에서 여러분도 손으로 행하지
않은 할례, 곧 육신의 몸을 벗어버리는 그리스도의 할례를 받
았습니다. 12 여러분은 세례로 그리스도와 함께 묻혔고, 또한
그분을 죽은 사람들 가운데서 살리신 하나님의 능력을 믿는

교묘한 말(4절), 철학이나 헛된 속임수(8절) 등에 속지 말라고 바울은 경고합니다. 골로새교회에 무슨 일이라도 있었나요? 당시 골로새교회에서는 모종의 거짓 교사들이 활동했던 것 같습니다. 여기에 '철학', 곧 지혜로운 가르침이라는 이름이 붙습니다(8절). 이단이 자기를 '하나님의 교회'라 부르는 것처럼, 아마 스스로를 그렇게 포장했을 것입니다. 이들은 유대교와 뒤섞인 교묘한 이론을 토대로 온갖 규정들을 만들어내고, 금욕적인 태도를 가르쳤던 것으로 보입니다(16–23절). 하지만 바울은 얼핏 지혜로워 보이는 이 가르침이 복음의 핵심인 그리스도를 따르는 도리가 아닌, '사람의 전통'과 '세상의 유치한 원리나 가치관'에 토대를 둔 주장이라고 지적합니다. 진리와 무관한 '교묘한 말'에 불과하다는 것입니다(4절). 참된 신성은 그럴듯한 이론이 아니라 그리스도 안에서 찾을 수 있고, 신자들 역시 그분 안에서 온전한 삶을 경험합니다(9–10절). 이 변화는 할례처럼 율법 조문에 집착하는 수준을 완전히 넘어서는, 그리스도의 부활로 증명되는 새로운 생명의 이야기입니다(11–15절).

믿음으로, 그리스도 안에서, 그리스도와 함께 살아났습니다.
13 또 여러분은 죄를 지은 것과 육신이 할례를 받지 않은 것
때문에 죽었으나, 하나님께서는 여러분을 그리스도와 함께
살리시고, 우리의 모든 죄를 용서하여주셨습니다. 14 하나님
께서는 우리에게 불리한 조문들이 들어 있는 빚문서를 지워
버리시고, 그것을 십자가에 못 박으셔서, 우리 가운데서 제거
해버리셨습니다. 15 그리고 모든 통치자들과 권력자들의 무
장을 해제시키시고, 그들을 그리스도의 개선 행진에 포로로
내세우셔서, 뭇 사람의 구경거리로 삼으셨습니다.
16 ○ 그러므로 먹고 마시는 일이나 명절이나 초승달 축제나
안식일 문제로, 아무도 여러분을 심판하지 못하게 하십시오.
17 이런 것은 장차 올 것들의 그림자일 뿐이요, 그 실체는 그
리스도에게 있습니다. 18 아무도 겸손과 천사 숭배를 주장하
면서 여러분을 비방하지 못하게 하십시오. 그런 자는 자기가
본 환상에 도취되어 있고, 육신의 생각으로 터무니없이 교만

"먹고 마시는 일이나 명절이나 초승달 축제나 안식일 문제"(16절)가 당시에 주요 이슈였나요? 음식 종류를 구분하고, 다양한 날짜와 절기를 지키는 것은 모세 율법의 규정들입니다. 골로새교회에 들어온 이단적 가르침은 유대교 전통을 토대로 천사 숭배나 천상 세계에 대한 환상 등의 요소를 금욕적 기조로 종합했습니다(2:18). '세상의 저급한(유치한) 원리'는 우주를 지배하는 세력으로 보이며, 이단들은 아마 율법의 여러 의식과 금욕적 절차를 준수해 이런 세력을 극복하자고 가르친 것 같습니다. 바울은 이것이 참 순종의 삶에는 백해무익한 피상적 해법이라 말합니다(2:23). 율법 규정은 새 언약의 '그림자'일 뿐, 그 '실체'는 그리스도입니다(2:17). 참 변화와 생명은 그리스도로부터 주어집니다(2:11–15, 19). 신자들은 그리스도와 함께 새 생명을 얻습니다. 그래서 욕망 자체는 건드리지 않는 육체 차원의 규정에 집착할 것이 아니라, 그리스도 안에서 '위에 있는 것'을 추구해야 합니다(3:1–4). 겉으로 그럴듯한 종교성 대신 그리스도 안에서 참 순종의 삶을 살라는 권고입니다.

을 부립니다. 19 그는 머리에 붙어 있지 않습니다. 온몸은 머
리이신 그리스도로부터 각 마디와 힘줄을 통하여 영양을 공
급받고, 서로 연결되어서 하나님께서 자라게 하시는 대로 자
라나는 것입니다.

그리스도와 함께하는 새 생활

20 ○ 여러분은 그리스도와 함께 죽어서 세상의 유치한 원리
에서 떠났는데, 어찌하여 아직도 이 세상에 속하여 사는 것과
같이 규정에 얽매여 있습니까? 21 "붙잡지도 말아라. 맛보지도
말아라. 건드리지도 말아라" 하니, 웬 말입니까? 22 이런 것들
은 다 한때에 쓰다가 없어지는 것으로서, 사람의 규정과 교훈
을 따른 것입니다. 23 이런 것들은, 꾸며낸 경건과 겸손과 몸
을 학대하는 데는 지혜를 나타내 보이지만, 육체의 욕망을 억
제하는 데는 아무런 유익이 없습니다.

살아 있는 사람에게 그리스도와 함께 죽었다니요(20절). 무슨 말인가요? '죽음'은 다양하게 사용되는 비유적 표현입니다. 우리가 그리스도와 함께 '죽고' '매장되었다'는 것은 세상의 가치관에 따라 살던 이전 존재의 죽음을 의미합니다(2:12, 20). 이때 죽음의 핵심은 관계의 단절입니다. 그리스도인은 '세상을 지배하는 기본 원리들'로부터 벗어나, 그리스도 안에서 새로운 가치를 추구하며 살아갑니다. 갈라디아서에서 바울이 자신을 '그리스도와 함께 십자가에 달려 죽은' 존재로 그린 것과 같습니다. 이 죽음을 통해 율법과도, 이 세상과도 결별을 고했다는 뜻입니다(갈 2:19–20; 6:14). 골로새서에서의 죽음도 마찬가지입니다. 물론 이 죽음은 새로운 삶의 시작입니다. 우리는 그리스도와 더불어 죽고 매장되기도 하지만, 그와 더불어 살아나기도 합니다(2:12–13; 3:1). 이 생명은 아직 그리스도와 더불어 하나님 안에 감추어져 있습니다(3:3). 우리는 이 생명의 나타남을 고대하며(3:4), '위에 있는 것들' 곧 새로운 삶을 살아갑니다(3:5–11).

{ 제3장 }

1 그러므로 여러분이 그리스도와 함께 살려주심을 받았으면,
위에 있는 것들을 추구하십시오. 거기에는, 그리스도께서 하나
님의 오른쪽에 앉아계십니다. 2 여러분은 땅에 있는 것들을 생
각하지 말고, 위에 있는 것들을 생각하십시오. 3 여러분은 이
미 죽었고, 여러분의 생명은 그리스도와 함께 하나님 안에 감
추어져 있습니다. 4 여러분의 생명이신 그리스도께서 나타나
실 때에, 여러분도 그분과 함께 영광에 싸여 나타날 것입니다.
5 ○ 그러므로 땅에 속한 지체의 일들, 곧 음행과 더러움과 정
욕과 악한 욕망과 탐욕을 죽이십시오. 탐욕은 우상숭배입니
다. 6 이런 것들 때문에, [순종하지 않는 자들에게] 하나님의
진노가 내립니다. 7 여러분도 전에 그런 것에 빠져서 살 때에
는, 그렇게 행동하였습니다. 8 그러나 이제 여러분은 그 모
든 것, 곧 분노와 격분과 악의와 훼방과 여러분의 입에서 나오

누구나 옛사람에서 새사람으로 확 바뀔 수 있는 건가요? 복음의 열쇠는 은혜입니다(1:6). '공짜'라는 말인데, '조건을 따지지 않는' 하나님의 부르심을 가리킵니다. 새 생명을 향한 이 복음의 초대는 누구에게나 열려 있습니다. 1세기 식으로 말하자면, 이제 그리스도 안에서 유대인뿐 아니라 세상 모든 민족에게 구원의 문이 활짝 열렸습니다(1:27). 물론 '복음의 진리의 말씀'을 '듣고 진정으로 하나님의 은혜를 깨우치는' 사람은 소수입니다(1:5–6). 복음이 세상과 인간의 진실을 말할 때, 그 진리에 반응하는 사람도 있고, 내 생각과 욕망을 고집하며 진실을 거부하는 사람도 있습니다. 세상에서 잃을 게 많은 사람일수록 세상의 기준을 무시하는 복음이 더 불편할 것입니다. 그러나 복음의 진리를 받아들이면서 우리는 우리 삶의 가짜 주인, 곧 세상을 지배하는 가치와 원리들의 허구성을 깨닫고, 그리스도 안에서 주어지는 참 생명을 붙잡습니다. 변화의 양상은 사람마다 다르겠지만, 이 근원적인 돌이킴('회심')은 누구에게나 열린 문입니다.

는 부끄러운 말을 버리십시오. 9 서로 거짓말을 하지 마십시
오. 여러분은 옛사람을 그 행실과 함께 벗어버리고, 10 새사람
을 입으십시오. 이 새사람은 자기를 창조하신 분의 형상을 따
라 끊임없이 새로워져서, 참 지식에 이르게 됩니다. 11 거기에
는 그리스인과 유대인도, 할례 받은 자와 할례 받지 않은 자
도, 야만인도 스구디아인도, 종도 자유인도 없습니다. 오직 그
리스도만이 모든 것이며, 모든 것 안에 계십니다.
12 ○ 그러므로 여러분은 하나님의 택하심을 입은 사랑받는 거
룩한 사람답게, 동정심과 친절함과 겸손함과 온유함과 오래
참음을 옷 입듯이 입으십시오. 13 누가 누구에게 불평할 일이
있더라도, 서로 용납하여주고, 서로 용서하여주십시오. 주님
께서 여러분을 용서하신 것과 같이, 여러분도 서로 용서하십
시오. 14 이 모든 것 위에 사랑을 더하십시오. 사랑은 완전하
게 묶는 띠입니다. 15 그리스도의 평화가 여러분의 마음을 지

"하나님의 택하심을 입은 사랑받는 거룩한 사람"(12절)이 바울이 말한 대로만 살면 세상에 아무 문제도 없을 것 같은데요. 왜 아직도 교회와 세상엔 문제와 싸움투성이인가요? 교회와 세상에 대한 울분은 결국 "그럼 나는 왜 이 모양이지?" 하는 물음으로 귀착됩니다. 하나님께서는 그리스도 안에서 우리의 옛 존재를 죽이고 새로운 존재로 살리시지만, 이 생명은 아직 감추어져 있습니다. 새로운 존재이나 우리는 아직 이 땅의 존재로 살아가며, 현재의 존재 속에 깃들어 있는 온갖 욕망과 싸움을 벌입니다. 바울은 성적 부도덕, 부정, 빗나간 욕심, 악한 욕망, 탐욕 등을 대표적 사례로 거론합니다. 곧 창조주 하나님께 순종하는 대신 우리 욕망을 섬기게 만드는 유혹입니다(5절). 우리는 '땅에 속한 몸'은 죽이고(5절), 우리에게 주어진 '새사람'의 모습을 구현하려고 노력합니다(10절). 하지만 골로새교회의 이단처럼 힘겨운 욕망과의 싸움 대신, 겉모양만 규제하는 몸짓으로 영성을 흉내 내며 자신과 남을 속이기도 합니다. 뿌리 깊은 위선의 유혹입니다. 우리가 목격하는 문제들은 모두 이런 자기중심적 위선의 결과물입니다.

배하게 하십시오. 이 평화를 누리도록 여러분은 부르심을 받
아 한 몸이 되었습니다. 또 여러분은 감사하는 사람이 되십시
오. 16 그리스도의 말씀이 여러분 가운데 풍성히 살아 있게 하
십시오. 온갖 지혜로 서로 가르치고 권고하십시오. 감사한 마
음으로 시와 찬미와 신령한 노래로 여러분의 하나님께 마음을
다하여 찬양하십시오. 17 그리고 말이든 행동이든 무엇을 하든
지, 모든 것을 주 예수의 이름으로 하고, 그분에게서 힘을 얻
어서, 하나님 아버지께 감사를 드리십시오.

가정생활 지침

18 ○ 아내 된 이 여러분, 남편에게 순종하십시오. 이것이 주
님 안에서 합당한 일입니다. 19 남편 된 이 여러분, 아내를 사
랑하십시오. 아내를 모질게 대하지 마십시오.

18절을 보면 요즘 세상의 아내들은 반발할 것 같은데요. 어떻게 읽는 게 맞을까요?

신학적 입장에 따라 견해가 달라집니다. 이 명령이 '영원한' 하나님의 뜻이라서 액면 그대로 지켜야 한다고 말하기도 하고, 사회가 달라진 만큼 그에 맞게 수용하자고 말하기도 합니다. 우선, 이 구절을 문자적으로 지키는 부부는 거의 없습니다(1세기나 조선시대와 달리). 오늘 우리 사회에서는 현실적으로 불가능하기 때문입니다. 남편과 아내의 위계를 전제하고 살아야 했던 당시 사회에서 교회는 복음에 맞는 부부 관계를 고민하면서 아내의 '복종'과 남편의 '사랑'이 현실적으로 가장 건강한 모습이라고 생각했습니다. 엄연한 현실을 바꿀 순 없습니다. 당시에는 남녀의 위계가 문제라는 생각도 없었습니다. 하지만 그런 문화 속에서 "예수가 주"라는 고백을 숙고하며, 이 관계의 성격에 변화를 가합니다. 따라서 우리는 이 본문에 나타난 1세기 문화의 양상 자체가 아니라, 그 배후에 작용하는 복음의 원리에 초점을 맞추는 것이 현명합니다. 에베소서에도 동일한 가르침이 나옵니다(엡 5:22–24). 그 부분의 해설을 함께 읽어도 좋을 것입니다.

20 ㅇ 자녀 된 이 여러분, 모든 일에 부모에게 복종하십시오.
이것이 주님을 기쁘게 해드리는 일입니다. 21 어버이 된 이 여
러분, 여러분의 자녀들을 격분하게 하지 마십시오. 그들의 의
기를 꺾지 않아야 합니다.
22 ㅇ 종으로 있는 이 여러분, 모든 일에 육신의 주인에게 복
종하십시오. 사람을 기쁘게 하는 자들처럼 눈가림으로 하지
말고, 주님을 두려워하면서, 성실한 마음으로 하십시오. 23 무
슨 일을 하든지 사람에게 하듯이 하지 말고, 주님께 하듯이 진
심으로 하십시오. 24 여러분은 주님께 유산을 상으로 받는다
는 사실을 기억하십시오. 여러분이 섬기는 분은 주 그리스도
이십니다. 25 불의를 행하는 사람은, 자기가 행한 불의의 대가
를 받을 것입니다. 거기에는 사람을 보고 차별을 하는 일이 없
습니다.

{ 제4장 }

1 주인 된 이 여러분, 정당하고 공정하게 종들을 대우하십시
오. 여러분도 하늘에 주인을 모시고 있다는 사실을 아시기 바
랍니다.

권면

2 ○ 기도에 힘을 쓰십시오. 감사하는 마음으로 기도하면서,
깨어 있으십시오. 3 또 하나님께서 전도의 문을 우리에게 열어
주셔서, 우리가 그리스도의 비밀을 말할 수 있도록, 우리를 위
해서도 기도하여주십시오. 나는 이 비밀을 전하는 일로 매여
있습니다. 4 그러니 내가 마땅히 해야 할 말로 이 비밀을 나타
낼 수 있도록 기도해주십시오. 5 외부 사람들에게는 지혜롭게
대하고, 기회를 선용하십시오. 6 여러분의 말은 소금으로 맛을

종과 주인에 대한 조언이 있습니다. 현 시대에 적용 가능한 이야기가 될 수 있나요? 바울이 살던 시대에는 주종 관계가 '당연한' 사회적 전제였습니다. 또 동서양을 막론하고 비교적 최근까지 주종 관계의 문화가 존속했습니다. 하지만 현대사회는 주종 관계를 도덕적 악으로 규정하기에, 범죄 상황 외에는 주종 관계가 존재하지 않습니다. 따라서 이 본문의 주제 자체는 우리의 상황과 무관합니다. 대신 주종 관계라는 당시의 현실을 새롭게 조명하는 복음의 원리에 주목해야 합니다. 육신의 상전을 대하는 종의 태도를 '주님을 향한 경외'와 '주님을 섬김'이라는 신앙적 맥락에 놓고, 종에게 눈속임이 아닌 진솔한 섬김을 주문합니다. 주인에게는 그들이 복종해야 할 '하늘의 상전'이 있음을 상기시키며 종들을 '공정하고 공평하게' 대하라고 권고합니다. 사회가 제공하는 관계의 틀은 그대로지만, 신자의 공동체에서 그 관계의 작동 방식은 달라집니다. 그리스도인은 모두 하늘의 주님을 섬기는 종이기 때문입니다. 이 원리가 우리가 붙들어야 할 '영원한' 진실입니다.

내어 언제나 은혜가 넘쳐야 합니다. 여러분은 각 사람에게 어떻게 대답해야 마땅한지를 알아야 합니다.

작별 인사

7 ○ 내 모든 사정은 두기고가 여러분에게 알려드릴 것입니다.
그는 주님 안에서, 사랑하는 형제요, 신실한 일꾼이요, 함께
종 된 사람입니다. 8 내가 그를 여러분에게 보내는 것은, 여러
분이 우리의 사정을 알고 마음에 위로를 받게 하려는 것입니
다. 9 그리고 사랑받는 신실한 형제인 오네시모도 같이 보냅니
다. 그는 여러분의 동향인입니다. 그들이 이곳 사정을 모두 여러분에게 알려드릴 것입니다.

10 ○ 나와 함께 갇혀 있는 아리스다고와 바나바의 사촌인 마
가가 여러분에게 문안합니다(마가가 여러분에게 가거든 잘
영접하라는 지시를 여러분이 이미 받았을 줄 압니다). 11 유
스도라는 예수도 문안합니다. 할례 받은 사람들로서는 이들

바울은 갇혀 있었지만 동역자들을 일일이 열거하며 안부를 전하고 격려합니다. 그는 사람들과 그렇게 계속 왕래하며 연락하고 지낼 수 있었나요? 선교사로서 바울의 이동 범위는 현대의 기준으로 봐도 놀랍습니다. 당시 로마제국은 제국 전역에 도로를 정비해 이동성을 높였고, 치안을 강화해 여행의 안전을 도모했습니다. 바울은 이런 물리적, 사회적 환경을 십분 활용해 넓은 지역을 다니며 복음을 전했습니다. 그리고 초대교회 신자들 사이에는 매우 긴밀한 연락망이 있었고, 많은 사람들이 서로 오가며 소통했던 것으로 보입니다. 개별 공동체 내에서도 그랬지만, 모든 그리스도인들이 한 분 그리스도의 몸이라는 공동체 의식이 깊었던 까닭도 있습니다. 골로새서를 쓸 당시에도 바울 편에서나 골로새교회 편에서 여러 사람이 오가며 서로 소식을 전했습니다. 사업이나 다른 일로 여행하기도 하고, 방문 자체가 주목적이 경우도 많았습니다. '손님 접대' 혹은 '환대'는 초대교회에서도 매우 중요한 덕목이었습니다.

만이 하나님의 나라를 위하여 일하는 나의 동역자들이요, 나
에게 위로가 되어준 사람들입니다. 12 여러분의 동향인이요
그리스도 [예수]의 종인 에바브라가 여러분에게 문안합니다.
그는 여러분이 완전하게 되고, 하나님의 모든 뜻에 확신을 가
지고 서기를 기도하면서, 늘 여러분을 위하여 애쓰고 있습니
다. 13 나는 그가, 여러분을 위하여, 그리고 라오디게아와 히
에라볼리에 있는 사람들을 위하여, 수고를 많이 하고 있음을
증언합니다. 14 사랑하는 의사인 누가와 데마도 여러분에게
문안합니다. 15 라오디게아에 있는 형제자매들과 눔바와 그
부인의 집에서 모이는 교회에 문안해주십시오. 16 여러분이
이 편지를 읽은 다음에는, 라오디게아 교회에서도 읽을 수
있게 하고, 라오디게아 교회에서 오는 편지도 읽으십시오.
17 그리고 아킵보에게 "주님 안에서 받은 직분을 유의하여 완
수하라"고 일러주십시오.
18 ○ 나 바울이 친필로 문안합니다. 내가 갇혀 있음을 기억하
십시오. 은혜가 여러분에게 있기를 빕니다.

마무리 인사가 무겁습니다. 자신이 갇혀 있음을 기억해달라는 바울의 의도는 무엇일까요? 바울은 지금 복음을 전하다가 체포돼 투옥되어 있습니다. 편지를 마무리하며 그는 골로새 신자들에게 이 사실을 기억해달라고 당부합니다. 투옥 자체가 힘겨운 일이라, 신자들은 자연히 바울의 신속한 석방을 위해 기도했을 것입니다. 그러니까 '기억해달라'는 말은 바울이 신자들을 두고 늘 그렇게 하듯, 투옥된 자신을 기억하며 기도해달라는 부탁일 것입니다. 빌립보 신자들의 기도가 성령의 도우심과 합해 자신의 석방으로 이어질 거란 희망을 품었던 것처럼, 아마 여기서도 같은 희망을 가졌을 것입니다. 또한 바울은 앞서 자신의 투옥 사실을 밝히면서, 복음 선포의 문을 열어주시도록 기도해달라고 부탁합니다. 그 기도를 힘입어 전해야 할 복음의 비밀을 제대로 전할 수 있을 것이라는 기대입니다(4:3-4). 그래서인지 바울은 투옥 상태에서도 복음을 선포하는 자로서 자신의 역할을 거듭 강조합니다(1:23, 25, 29; 2:1; 4:3)

데살로니가전서

1 Thessalonians

데살로니가전서를 읽는 독자들에게

부르심에 합당한 자로 일상을 살아가기

신앙이 소망이라면, 중요한 것은
우리를 그분의 나라와 영광으로 부르신 하나님께
합당하게 사는 것입니다. 합당한 삶의 핵심은 거룩함입니다.
그것이 우리를 부르신 하나님의 뜻이기 때문입니다.
이 거룩함이 믿음의 열매이건 구원의 조건이건,
순종의 요구 자체는 변하지 않습니다.
그래서 바울의 유일한 관심사는 예수 그리스도께서 다시 오실 때
신자들이 하나님 앞에서 거룩하고 흠이 없는 자,
부르심에 합당한 자로 인정받는 것입니다.

데살로니가는 당시 마케도니아 지방의 수도로, 빌립보 이후 바울의 마케도니아 선교에서 두 번째 기착지입니다(행 17:1). 초기의 유대인을 대상으로 한 선교를 거쳐, 비유대인들에게로 영역이 확대되었을 것입니다. 온갖 어려움에도 불구하고 선교는 성공적이었지만(행 17:4), 유대인들의 극심한 반대 때문에 바울 일행이 다급히 다른 곳으로 피하면서 이곳의 선교는 끝납니다(행 17:10).

복음에 대한 균형 잡힌 이해를 돕는 글

이런 안타까운 정황은 편지 전반에서 배어나는 염려와 깊은 안도의 이유를 설명해줍니다. 그는 신자들로부터 "떨어져 고아가 되었지만"(2:17, "떠난 것은"), 이는 '잠시' 몸이 강제로 떠난 것일 뿐, 마음은 늘 그들과 함께 있습니다. 다시 돌아가려 '더욱, 간절히' 힘썼지만, '사탄의 방해'가 컸습니다. 이러한 상황에서 그의 염려는 점점 커지고(3:5), 결국 '참다못해' 디모데를 그리 보냅니다(3:1–3, 5). 디모데는 성도들의 '믿음과 사랑'에 관한 '기쁜 소식'을 갖고 돌아왔고(3:6), 바울은 그제야 크게 안도합니다(3:6–8).
물론 아직은 그 멋진 모습을 직접 볼 수가 없습니다(3:10–11). 그래서 대신 쓴 편지가 데살로니가전서입니다. 그래서 이 편지에는 자신의 행보를 신자들이 행여 오해하지 않을까 하는

우리는 구원의 소망을 품은 자로 살아갑니다. 물론 이 소망의 중심에는 그리스도의 재림이 있습니다. 그리스도는 마지막 심판의 진노에서 우리를 건져주실 구원자입니다. 구원의 소망은 신자를 '소망이 없는 다른 사람'과 구분하는 정체성의 핵심입니다. 이 편지에서 드러나는 선명한 미래적 전망은 '구원받았다'는 말로 모든 것을 해결하려는 우리의 조급증을 돌아보게 합니다.

바울의 염려가 강하게 나타납니다. 자신의 신실했던 모습을 애써 회상하는 것도 이런 염려 때문입니다(2장). 복음 전파가 신자들과의 인간적 관계와 결코 무관하지 않음을 보여주는 대목입니다.

데살로니가전서는 바울의 초기 서신입니다. 종종 무시되지만, 바울의 선교와 복음 이해에 매우 중요합니다. 갈라디아서나 로마서와 달리 유대교와의 율법 관련 논쟁이 없습니다. 그러니까 바울이 '평소' 선포했을 법한 복음과 신자들에게서 늘 기대했던 자태가 여실히 드러납니다. 복음에 대한 균형 잡힌 이해를 위해 그만큼 소중한 글이라 하겠습니다.

데살로니가전서는 신앙의 본질이 미래의 구원을 향한 소망임을 여실히 보여줍니다. 신앙은 '믿음의 행위와 사랑의 수고와 소망의 인내'로 요약됩니다(1:3; 살후 1:3-4). 삶의 전투에서 '믿음과 사랑'이 가슴을 지키는 호심경(護心鏡)이라면, '구원의 소망'은 머리를 감싸는 투구입니다(5:8-9). 하나님께서는 우리를 '그의 나라와 그의 영광'으로 부르셨습니다(2:12; 살후 1:12; 2:14). 우리는 구원의 소망을 품은 자로 살아갑니다(1:10; 5:8-9; 살후 2:13). 물론 이 소망의 중심에는 그리스도의 재림이 있습니다. 그리스도는 마지막 심판의 진노에서 우리를 건져주실 구원자입니다(1:3, 10; 5:1-5). 구원의 소망은 신자를 '소망이 없는 다른 사람'과 구분하는 정체성의 핵심입니다(4:13). 이 편지에서 드러나는 선명한 미래적 전망은 '구원받았다'는 말로 모든 것을 해결하려는 우리의 조급증을 돌아보게 합니다.

일상의 맥락에서 신앙의 의미 되새기기

신앙이 소망이라면, 중요한 것은 우리를 '그분의 나라와 영광으로 부르신' 하나님께 합당하게 사는 것입니다(2:12). 합당한 삶의 핵심은 '거룩함'입니다. 그것이 우리를 부르신 하나님의 뜻이기 때문입니다(4:7; 5:9). 이 거룩함이 믿음의 '열매'이건 구원의 '조건'이건, 순종의 요구 자체는 변하지 않습니다.

믿음의 역동적 면모도 강하게 드러납니다. 사랑이 수고로 나타나듯 믿음은 구체적 행위로, 소망은 그에 어울리는 인내로 나타납니다. 이는 책임에 대한 강조이면서 동시에 복음의 능력에 대한 확신이기도 합니다. 그래서 부르심에 합당한 삶에 대한 요구는 또한 하나님께서 그렇게 해주실 것이라는 기대로 이어집니다.

그래서 바울의 유일한 관심사는 예수 그리스도께서 다시 오실 때 신자들이 하나님 앞에서 '거룩하고 흠이 없는' 자, 부르심에 합당한 자로 인정받는 것입니다(2:12; 3:13; 5:23-24). 더불어 믿음의 역동적 면모도 강하게 드러납니다. 사랑이 수고로 나타나듯 믿음은 구체적 행위로, 소망은 그에 어울리는 인내로 나타납니다(1:3). 이는 책임에 대한 강조이면서 동시에 복음의 능력에 대한 확신이기도 합니다. 그래서 부르심에 합당한 삶에 대한 요구는 또한 하나님께서 그렇게 해주실 것이라는 기대로 이어집니다(3:13; 5:23-24).

실천적 신앙의 한 차원으로, 신자의 일상적 책임도 매우 강조됩니다. 믿음이 실질적인 책임을 회피하는 수단이 될 수 없다는 단호함입니다. 재림과 부활에 관련된 혼란도 흥미로운 주제입니다. 바울은 신자들이 미처 생각지 못했던 사실들을 되새기며 그들의 염려를 잠재우고, 구원의 소망에서 흔들리지 말도록 조언합니다. 이처럼 데살로니가전서의 분위기는 매우 실천적입니다. 신학적 주제들도 신자들을 안심시키고 위로하려는 의도 아래 다루어집니다.

이런 실천적인 관심은 바울서신 어디서나 두드러지지만, 어렸지만 강인했던 데살로니가교회에 보낸 이 편지에는 신자들의 신앙에 대한 실천적 관심이 더욱 뚜렷합니다. 이 편지를 곰곰이 묵상하는 일은 일상적인 삶의 맥락에서 우리 신앙의 의미를 되새기는 소중한 경험이 될 것입니다.

{ 제1장 }

인사

1 바울과 실루아노와 디모데가 하나님 아버지와 주 예수 그리
스도 안에 있는 데살로니가 사람의 교회에 이 편지를 씁니다.
은혜와 평화가 여러분에게 있기를 빕니다.

데살로니가 교인들의 믿음과 모범

2 ○ 우리는 여러분 모두를 두고 언제나 하나님께 감사를 드립
니다. 우리는 기도할 때에 여러분을 기억하고 있습니다. 3 또
우리는 하나님 우리 아버지 앞에서 여러분의 믿음의 행위와
사랑의 수고와 우리 주 예수 그리스도께 둔 소망을 굳게 지키
는 인내를 언제나 기억하고 있습니다. 4 하나님의 사랑을 받
은 형제자매 여러분, 우리는 하나님께서 여러분을 택하여주셨

편지를 보내는 이들로 세 사람의 이름이 나옵니다. 이른바 공동 대표단이 보내는 형식의 편지인가요? 실루아노('실라'의 라틴식 표기)와 디모데는 바울의 데살로니가 선교 당시 핵심 조력자였습니다(행 17:1–15). 디모데는 유대인의 박해로 바울 일행이 급히 피신할 때 바울 대신 다시 교회를 방문했습니다. 그리고 교회가 예수님에 대한 믿음을 잘 지키고 있다는 '복음'을 바울에게 전해주었습니다(3:2–6). 이 반가운 소식에 기쁜 안도의 한숨을 쉬며 쓴 편지가 데살로니가전서입니다. 이런 편지에서 교회를 함께 세운 실루아노와 디모데를 공동 발신자로 내세우는 것은 자연스럽습니다. 실제 내용은 바울이 썼습니다. 하지만 편지의 주어는 시종일관 '우리'입니다. 함께 복음을 선포한 이들과 교회와의 유대를 다지는 것이 편지의 큰 목적 중 하나이기 때문입니다. 그래서 '우리'의 이름으로 갑작스러운 이별에 대해 해명하고, 박해 중에 있는 교회를 칭찬하고 격려하며, 현실적 사안에 관해 충고합니다.

음을 알고 있습니다. 5 우리는 여러분에게 복음을 말로만 전
한 것이 아니라, 능력과 성령과 큰 확신으로 전하였습니다. 우
리가 여러분 [가운데서], 여러분을 위하여, 어떻게 처신하였는
지를, 여러분은 알고 있습니다. 6 여러분은 많은 환난을 당하
면서도 성령께서 주시는 기쁨으로 말씀을 받아들여서, 우리와
주님을 본받는 사람이 되었습니다. 7 그리하여 여러분은 마케
도니아와 아가야에 있는 모든 신도들에게 모범이 되었습니다.
8 주님의 말씀이 여러분으로부터 마케도니아와 아가야에만 울
려 퍼진 것이 아니라, 하나님을 향한 여러분의 믿음에 대한 소
문이 각처에 두루 퍼졌습니다. 그러므로 이것을 두고는 우리
가 더 말할 필요가 없습니다. 9 그들은 우리를 두고 이야기합
니다. 우리가 여러분을 찾아갔을 때에 여러분이 우리를 어떻
게 영접했는지, 어떻게 해서 여러분이, 우상을 버리고 하나님
께로 돌아와서 살아계시고 참되신 하나님을 섬기며, 10 또 하
나님께서 죽은 사람들 가운데서 살리신 그 아들 곧 장차 내릴
진노에서 우리를 건져주실 예수께서 하늘로부터 오시기를 기
다리는지를, 그들은 말합니다.

그들은 어떤 이유로 어떤 환난을 당했나요? 사도행전에 따르면, 바울 일행이 데살로니가를 떠난 것은 유대인들의 선동 때문입니다. 하지만 이는 데살로니가교회 자체의 상황 묘사는 아닙니다. 바울은 데살로니가 신자들이 겪는 고난은 분명 '여러분의 동족', 곧 주변의 비유대인들에 의한 것이라 말합니다. 유대에 있는 하나님의 교회들이 믿지 않는 유대인들에게 박해받았던 것처럼, 데살로니가 신자들 역시 그들의 이웃들로부터 고난을 받았습니다(2:14–15). 당시의 다신교적 문화, 그리고 종교와 정치가 뒤엉킨 사회 분위기에서 유일신 하나님을 섬기고 십자가에 달리신 예수님을 구원자로 믿는 것은 유대인이나 비유대인 모두에게 혐오스럽고 어리석은 일이었습니다. 따라서 신자들은 자연히 주류 사회에 동화되라는 압박에 시달렸고, 이는 종종 정치 사회적, 경제적 고난으로 이어지기도 했습니다.

{ 제2장 }

데살로니가에서 벌인 바울의 사역

1 형제자매 여러분, 우리가 여러분을 찾아간 것이 헛되지 않
은 줄을, 여러분이 알고 있습니다. 2 여러분이 아는 바와 같
이, 우리가 전에 빌립보에서 고난과 모욕을 당하였으나 심한
반대 속에서도 하나님 안에서 담대하게 하나님의 복음을 여
러분에게 전하였습니다. 3 우리의 권면은 잘못된 생각이나 불
순한 마음이나 속임수로 하는 것이 아닙니다. 4 우리는 하나
님께 검정을 받아서, 맡은 그대로 복음을 전합니다. 우리가
이렇게 하는 것은 사람의 환심을 사려고 하는 것이 아니라,
우리의 마음을 살피시는 하나님을 기쁘게 해드리려고 하는
것입니다. 5 여러분이 아는 대로, 우리는 어느 때든지, 아첨하
는 말을 한 일이 없고, 구실을 꾸며서 탐욕을 부린 일도 없습
니다. 이 일은 하나님께서 증언하여주십니다. 6 우리는 또한,

계속해서 데살로니가 사람들에게 바울의 일행이 어떤 마음으로, 어떤 목적으로 일했는지 강조합니다. 자신들의 입장을 해명하듯 이렇게 길게 이야기하는 이유가 있나요? 유대인의 박해 때문에(2:16) 바울 일행은 데살로니가를 다급히 떠났습니다(2:17). 데살로니가의 어린 신자들은 바울 일행의 이런 행보를 오해하고, 그들의 태도와 그들이 전해준 복음에 의문을 가질 수도 있습니다. 바울은 이 점을 매우 염려했고, 그래서 디모데를 다시 파송해 교회의 상황을 확인합니다. 다행히 디모데는 신자들이 바울 일행을 늘 좋게 생각하고 있다는 사실과 그들이 믿음과 사랑을 잘 유지하고 있다는 멋진 소식을 갖고 왔습니다(3:1–6). 이 기쁨을 잉크 삼아 쓴 편지라, 자신의 진심을 전달하려는 노력이 많습니다. 이별의 불가피함을 부각시키고, 데살로니가 선교의 진정성을 거듭 확인하며, '사탄'의 방해를 이기고 빨리 만나고 싶다는 의사를 분명히 합니다(3:10–12).

여러분에게서든 다른 사람에게서든, 사람에게서는 영광을 구
한 일이 없습니다. 7 물론 우리는 그리스도의 사도로서, 권위
를 주장할 수도 있었습니다. 그러나 우리는 여러분 가운데서,
마치 어머니가 자기 자녀를 돌보듯이 유순하게 처신하였습니
다. 8 우리는 이처럼 여러분을 사모하여, 여러분에게 하나님
의 복음을 나누어줄 뿐만 아니라, 우리 목숨까지도 기쁘게 내
줄 생각이었습니다. 그것은 여러분이 우리에게 사랑을 받는
사람이 되었기 때문입니다. 9 형제자매 여러분, 여러분은 우
리의 수고와 고생을 기억하고 있을 것입니다. 우리는 여러분
가운데 아무에게도 폐를 끼치지 아니하려고, 밤낮으로 일을
하면서 하나님의 복음을 여러분에게 전파하였습니다. 10 또,
신도 여러분을 대할 때에, 우리가 얼마나 경건하고 올바르고
흠 잡힐 데가 없이 처신하였는지는, 여러분이 증언하고, 또
하나님께서도 증언하십니다. 11 여러분이 아는 바와 같이, 아
버지가 자기 자녀에게 하듯이, 우리는 여러분 하나하나를 대
합니다. 12 우리는 여러분을 권면하고 격려하고 경고합니다마

"여러분을 부르셔서 당신의 나라와 영광에 이르게 하시는 하나님께 합당하게 살아가게"(12절) 하기 위해 권면과 격려와 경고를 했다고 말합니다. 그런 삶은 구체적으로 어떤 삶인가요? 바울은 자신이 데살로니가에서 선교할 때 얼마나 '거룩하고 올바르고 흠 없이 행동했는지'를 상기시킵니다(2:10). 속임수로 사적 욕망을 추구하지 않고 진실한 태도를 견지하며, 어머니나 아버지가 자기 아이를 기르듯 정성을 다했다고 말합니다(2:1-10). 이런 철저함은 복음을 선포하는 자로서 책임 의식을 반영합니다. 자신의 말과 실제 행보가 분리될 수 없음을 잘 알기 때문입니다. 바울은 데살로니가 신자들이 고난을 겪으면서도 바울이 선포한 복음을 '하나님의 말씀으로' 받고, 그 결과 '바울과 주님을 본받는' 사람이 되었다고 칭찬합니다(1:5; 2:13). 결국 신자들에게 주문한 삶의 모습은 바울이 몸소 실천하려 했던, 그리고 이 편지에서 다시금 상기시키는 그런 모습입니다. 한마디로 '거룩함'을 실천하는 삶입니다.

는, 그것은 여러분을 부르셔서 당신의 나라와 영광에 이르게
하시는 하나님께 합당하게 살아가게 하려는 것입니다.
13 ○ 우리가 하나님께 끊임없이 감사하는 것은, 여러분이
우리에게서 하나님의 말씀을 받을 때에, 사람의 말로 받아들
이지 아니하고, 실제 그대로, 하나님의 말씀으로 받아들였기
때문입니다. 이 하나님의 말씀은 또한, 신도 여러분 가운데
서 살아 움직이고 있습니다. 14 형제자매 여러분, 여러분은
그리스도 예수 안에서 유대에 있는 하나님의 교회들을 본받
는 사람이 되었습니다. 그들이 유대 사람에게서, 고난을 받
은 것과 같이, 여러분도 여러분의 동족에게서 똑같은 고난
을 받았습니다. 15 유대 사람은 주 예수와 예언자를 죽이고,
우리를 내쫓고, 하나님을 기쁘게 해드리지 않고, 모든 사람
에게 적대자가 되었습니다. 16 그들은 우리가 이방 사람에게
말씀을 전해서 구원을 얻게 하려는 일까지도 방해하고 있습
니다. 그리하여 그들은 자기들의 죄의 분량을 채웁니다. 마
침내 하나님의 진노가 그들에게 이르렀습니다.

"자기들의 죄의 분량을 채운다"(16절)는 것은 어떤 의미인가요? 죄가 쌓여서 일정한 수준이 되면 하나님의 진노가 임한다는 말인가요? 동료 유대인에게 진노를 선언하는 매우 격한 발언입니다. 심지어 바울이 이런 말을 했을 리 없으니 본문에서 빼야 한다고 말하는 사람이 있을 정도입니다. 물론 바울이 한 말은 맞습니다. 바울은 예수님을 거부하는 유대인들이 복음 선교를 적극적으로 방해하고 있다는 사실을 언급합니다. 그들은 과거 주 예수와 선지자들을 죽였을 뿐 아니라, 지금도 '우리를 쫓아내고' 있습니다. 당연히 이는 하나님의 뜻에 어긋나는 일이자 모든 사람을 적으로 만드는 행위입니다. 복음의 핵심 비밀, 즉 이제 구원이 비유대인에게도 주어진다는 진리를 배척한다는 점에서 그들의 죄는 용인될 수 없습니다. "항상 죄의 분량을 채운다"는 것은 돌이킴의 조짐 없이 "끝까지 하나님의 뜻을 거부한다"는 의미입니다.

바울이 데살로니가에 다시 가기를 원하다

17 ○ 형제자매 여러분, 우리가 잠시 여러분을 떠난 것은 얼굴
이요, 마음은 아닙니다. 우리는 얼굴을 마주하고 여러분을 볼
수 있기를 간절히 바라고 있습니다. 18 그러므로 우리는 여러
분에게로 가고자 하였고, 특히 나 바울은 한두 번 가고자 하였
습니다. 그러나 사탄이 우리를 방해하였습니다. 19 우리 주 예
수께서 오실 때에, 그분 앞에서, 우리의 희망이나 기쁨이나 자
랑할 면류관이 무엇이겠습니까? 그것은 여러분이 아니겠습니
까? 20 여러분이야말로 우리의 영광이요, 기쁨입니다.

{ 제3장 }

1 그러므로, 우리는 참다못하여, 우리만 아테네에 남아 있기
로 하고, 2 우리의 형제요, 그리스도의 복음을 전하는 하나님
의 일꾼인 디모데를 여러분에게로 보냈습니다. 그것은, 그가

바울은 여러 목적을 가지고 디모데를 데살로니가 사람들에게 보낸 것 같습니다. 바울은 어떤 의도를 갖고 있었던 건가요? 바울과 데살로니가교회는 뜻하지 않게, 마치 "고아가 되듯 헤어져야"(헬라어로 **orphan**isthentes) 했습니다(2:17). 그래서 할 수만 있다면 속히 신자들과 재회하고 싶었지만 바울이 '사탄'의 공작으로 규정하는 상황 때문에 뜻을 이룰 수 없었습니다. 결국 바울은 "더 이상 참을 수 없어서"(3:2, 5) 디모데를 대신 보냅니다. 직접 갈 수 없을 때, 바울이 선택하곤 했던 차선책입니다. 바울은 디모데를 통해 신자들이 믿음을 잘 지키고 있는지, '유혹하는 자' 곧 사탄이 신자들을 유혹해 바울 일행이 이룬 선교의 성과를 무너뜨린 것은 아닌지 확인하고자 했습니다. 디모데는 신자들을 위로하고 훈계하면서 그들의 믿음을 견고하게 하는 일도 수행했습니다(3:2, 4). 다행히 디모데는 '이보다 더 좋을 수 없는' 멋진 소식을 들고 왔습니다.

여러분을 굳건하게 하고, 여러분의 믿음을 격려하여, 3 아무
도 이러한 온갖 환난 가운데서 흔들리지 않게 하려는 것입니
다. 여러분도 아는 대로, 우리는 이런 환난을 당하게 되어 있
습니다. 4 우리가 여러분과 함께 있을 때에, 장차 우리가 환
난을 당하게 되리라는 것을 여러분에게 미리 말하였는데, 과
연 그렇게 되었고, 여러분은 그것을 알고 있습니다. 5 그러므
로 내가 참다못하여, 여러분의 믿음을 알아보려고, 그를 보냈
습니다. 그것은, 유혹하는 자가 여러분을 유혹하여 우리의 수
고를 헛되게 하지 못하게 하려는 것이었습니다.
6 ○ 그런데 지금 디모데가 여러분에게서 우리에게로 돌아와
서, 여러분의 믿음과 사랑의 기쁜 소식을 전하여주었습니다.
또, 여러분이 우리를 늘 좋게 생각하고 있어서, 우리가 여러
분을 간절히 보고 싶어 하는 것과 같이, 여러분도 우리를 간
절히 보고 싶어 한다고 전하여주었습니다. 7 그러므로 형제
자매 여러분, 우리는 여러분을 보고, 우리의 모든 곤경과 환

바울은 디모데가 가져온 소식을 믿음과 사랑의 기쁜 소식이라 말합니다. 바울은 데살로니가 교인들의 마음과 상황을 꼭 확인해야 했나요? 바울은 자기 일행의 갑작스러운 떠남이 데살로니가 교인들에게 지금까지 그들이 견지해온 성실한 태도를 배반하는 것으로 비치지 않을까 염려했습니다. 2장의 긴 자기변호는 바로 이런 염려를 반영합니다. 물론 이는 사적인 염려에서 끝나는 게 아닙니다. 바울에 대한 불신은 곧바로 그가 전해준 복음에 대한 불신으로 이어질 것이기 때문입니다. 바울의 궁극적인 관심은 신자들의 신앙입니다. 바울은 이를 믿음–사랑–소망이라는 유명한 트리오로 요약합니다(1:3). 서로 다른 덕목이 아니라, 신앙을 바라보는 세 가지 관점입니다. 하나님을 향한 믿음은 서로를 향한 사랑으로 표현되고, 이것이 바로 구원의 주님을 기다리는 소망의 태도입니다. 그래서 믿음과 사랑은 혼자 나오기도 하고(3:2, 5, 7, 12; 4:9), 붙어 나오기도 하며(3:6), 아예 단일팀이 되기도 합니다(5:8). 주관적 심리 상태가 아닌, 신앙적 삶을 말하는 이름들입니다.

난 가운데서도, 여러분의 믿음으로 말미암아 위로를 받았습
니다. 8 여러분이 주님 안에 굳게 서 있으면, 이제 우리가 살
아 있는 셈이기 때문입니다. 9 우리가 우리 하나님 앞에서,
여러분 때문에 누리는 모든 기쁨을 두고, 여러분을 생각해서,
하나님께 어떠한 감사를 드려야 하겠습니까? 10 우리는 여러
분의 얼굴을 볼 수 있기를, 또 여러분의 믿음에 부족한 것을
보충하여줄 수 있기를 밤낮으로 간절히 빌고 있습니다.
11 ○ 하나님 우리 아버지와 우리 주 예수께서 우리의 길을 친
히 열어주셔서, 우리를 여러분에게로 가게 해주시기를 간구합
니다. 12 또, 우리가 여러분을 사랑하는 것과 같이, 주님께서
여러분끼리 서로 나누는 사랑과 모든 사람에게 베푸는 여러분
의 사랑을 풍성하게 하고, 넘치게 해주시기를 빕니다. 13 그래
서 주님께서 여러분의 마음을 굳세게 하셔서, 우리 주 예수께
서 자기의 모든 성도들과 함께 오실 때에, 하나님 우리 아버지
앞에서 거룩함에 흠 잡힐 데가 없게 해주시기를 빕니다.

{ 제4장 }

하나님을 기쁘게 해드리는 생활

1 그러므로 형제자매 여러분, 끝으로 우리는 주 예수 안에서
여러분에게 부탁하며 권면합니다. 여러분은 어떻게 살아야
하며, 어떻게 하나님을 기쁘게 해드려야 할 것인지를, 우리
에게서 배운 대로 하고 있으니, 더욱 그렇게 하십시오. 2 우
리가 주 예수의 이름으로 무슨 지시를 여러분에게 내렸는지
를, 여러분은 알고 있습니다. 3 하나님의 뜻은 여러분이 성
결하게 되는 것입니다. 여러분은 음행을 멀리하여야 합니다.
4 각 사람은 자기 아내를 거룩함과 존중함으로 대할 줄 알아
야 합니다. 5 하나님을 알지 못하는 이방 사람과 같이, 색욕
에 빠져서는 안 됩니다. 6 또 이런 일에 탈선을 하거나 자기
교우를 해하거나 하지 말아야 합니다. 우리가 여러분에게 전
에도 말하고 경고한 대로, 주님께서는 이런 모든 일을 징벌
하시는 분이시기 때문입니다. 7 하나님께서 우리를 불러주

바울의 마지막 당부는 성결하게 되는 삶을 강조하고 있습니다. 데살로니가 사람들의 삶은 실제로 많은 문제를 안고 있었나요? 신자들의 믿음과 사랑과 소망의 자태에 바울이 기뻐하는 모습에서 볼 수 있듯이, 교회 내에 중대한 문제가 불거진 흔적은 거의 없습니다. '마지막으로' 당부하는 말을 더하는 움직임 역시 이런 판단을 뒷받침합니다(1절). 하지만 이교에 젖어 있다 회심한 신자들이기에 과거의 습관이나 현실의 유혹은 언제나 생생합니다. 주변 사회의 압박은 이런 유혹을 매우 생생한 것으로 만듭니다. 그래서 바울은 자신이 처음 복음을 전할 때 가르치고 보여줬던 교훈을 되새기며, 거룩한 삶에 대한 열정을 지켜달라고 다시금 당부합니다(1–3절). 새로운 삶으로 부르신 하나님의 부르심을 상기시키고, 복음의 삶을 팽개치는 사람에게 닥칠 하나님의 정의로운 심판을 경고합니다(7–8절).

신 것은, 더러움에 빠져 살게 하시려는 것이 아니라, 거룩함
에 이르게 하시려는 것입니다. 8 그러므로 이 경고를 저버리
는 사람은, 사람을 저버리는 것이 아니라, 여러분에게 성령
을 주시는 하나님을 저버리는 것입니다. 9 교우들에 대한 사
랑을 두고서는, 여러분에게 더 쓸 필요가 없겠습니다. 여러
분이 직접 하나님께로부터 서로 사랑하라고 하시는 가르침
을 받아서, 10 온 마케도니아에 있는 모든 형제자매에게 그
것을 실행하고 있기 때문입니다. 형제자매 여러분, 우리는
여러분이 더욱더 그렇게 하기를 권면합니다. 11 그리고 우리
가 여러분에게 명령한 대로, 조용하게 살기를 힘쓰고, 자기
일에 전념하고, 자기 손으로 일을 하십시오. 12 그리하여 여
러분은 바깥 사람을 대하여 품위 있게 살아가야 하고, 또 아
무에게도 신세를 지는 일이 없도록 해야 할 것입니다.

주님의 재림과 죽은 사람의 부활

13 ○ 형제자매 여러분, 우리는 여러분이 잠든 사람의 문제

바울은 어떻게 살아야 하는지 매우 조목조목 가르칩니다. 기독교적인 특징이라기보다는 옛 성현의 좋은 말씀쯤으로 들립니다. 이런 훈계들이 특별한 이유가 있습니까? 기독교의 가르침이 일반 사회의 도덕과 달라야 할 이유는 없습니다. 사람과 사람이 사는 세상에서 '올바른' 것이 무엇인지를 묻고 답하는 것이기 때문입니다. 그래서 성경 속의 구체적인 교훈들 역시 대부분 우리 사회의 건강한 도덕규범과 일치합니다. 한 가지 근본적 차이는 기독교는 삶을 하나님과의 언약이라는 초월적 지평에서 바라본다는 점입니다. 그래서 오늘의 도덕적 행보는 현재를 넘어 미래의 구원 혹은 심판과 이어집니다(4:6–8; 5:8–11). 또한 기독교는 사랑이나 희생, 겸손 등의 덕목을 거의 최고의 가치로 간주하는 모습을 보입니다. 더불어 현세적 가치의 궁극적 무가치함에 대한 강조 역시 두드러집니다.

를 모르고 지내는 것을 원하지 않습니다. 여러분은 소망을 가
지지 못한 다른 사람들과 같이 슬퍼하지 않아야 할 것입니다.
14 우리는 예수께서 죽으셨다가 살아나신 것을 믿습니다. 이
와 같이 하나님께서 예수 안에서 잠든 사람들도 예수와 함께
데리고 오실 것입니다.
15 ○ 우리는 주님의 말씀으로 여러분에게 이것을 말합니다.
주님께서 오실 때까지 살아남아 있는 우리가, 이미 잠든 사람
들보다 결코 앞서지 못할 것입니다. 16 주님께서 호령과 천사
장의 소리와 하나님의 나팔 소리와 함께 친히 하늘로부터 내
려오실 것이니, 그리스도 안에서 죽은 사람들이 먼저 일어나
고, 17 그다음에 살아남아 있는 우리가 그들과 함께 구름 속
으로 이끌려 올라가서, 공중에서 주님을 영접할 것입니다. 이
리하여 우리가 항상 주님과 함께 있을 것입니다. 18 그러므로
여러분은 이런 말로 서로 위로하십시오.

잠든 사람들은 죽은 사람들을 말하는 것 같은데요. 예수님을 믿다가 죽은 사람들은 예수님과 같이 있는 거 아니었나요? 그냥 죽은 채로 있다가 예수의 재림과 함께 살아난다는 말인가요? 사후 상태는 모두가 궁금해합니다. 하지만 사후 상태에 관한 성경의 묘사가 기계적으로 일치하지는 않습니다. 우선, 죽음 이후 우리가 주님과 함께한다는 기대가 있습니다(눅 23:43; 고후 5:8; 빌 1:23). 하지만 이 기대가 어떤 구체적인 그림이 되지는 않습니다. "몸을 떠나 주님과 함께 있기"를 기대했던 바울이 '자는 사람들'에 관해 말하기도 합니다. 주의 재림 때, 자던 사람들이 먼저 일어나고 이후 산 사람들이 새로운 존재로 변화하리라는 기대입니다(고전 15:51–52). 이런 모호함은 사후의 구체적인 존재 방식이 중요한 이슈가 아니었음을 방증합니다. 대신 부활의 소망과 그 소망의 확실함이 강조됩니다. 잠든 사람에 관한 논의 역시 "그러니 염려하지 말고 서로 격려하자"는 의도입니다. 참고로 공중으로 올라가는 장면은 소위 '휴거'가 아니라 우리에게 오시는 주님을 환영하며 마중하는 장면입니다. 그 뒤 공중이 아닌 이 땅에서 주와 함께 있을 것입니다(4:17).

{ 제5장 }

1 형제자매 여러분, 그때와 시기를 두고서는 여러분에게 더
쓸 필요가 없겠습니다. 2 주님의 날이 밤에 도둑처럼 온다
는 것을, 여러분은 자세히 알고 있습니다. 3 사람들이 "평안
하다, 안전하다" 하고 말할 그때에, 아기를 밴 여인에게 해산
의 진통이 오는 것과 같이, 갑자기 멸망이 그들에게 닥칠 것
이니, 그것을 피하지 못할 것입니다. 4 그러나 형제자매 여러
분, 여러분은 어둠 속에 있지 아니하므로, 그날이 여러분에게
도둑과 같이 덮치지는 않을 것입니다. 5 여러분은 모두 빛의
자녀요, 낮의 자녀입니다. 우리는 밤이나 어둠에 속한 사람이
아닙니다. 6 그러므로 우리는 다른 사람들처럼 잠자지 말고,
깨어 있으며, 정신을 차립시다. 7 잠자는 자들은 밤에 자고,
술에 취하는 자들도 밤에 취합니다. 8 그러나 우리는 낮에 속
한 사람이므로, 정신을 차리고, 믿음과 사랑을 가슴막이 갑

주님의 날이 도둑처럼 온다는 말은 2천 년이 지난 지금도 실현되지 않았습니다. 과연 그런 날이 오기는 오는 건가요? 예수님의 재림은 쉽지 않은 주제입니다. 초대교회나 바울은 예수님의 빠른 재림을 기대했습니다. 자신의 생전에 재림을 기대한 만큼(4:15), 이 재림이 초미의 관심사가 되는 것은 당연했습니다. 그러나 예수님께서는 2천 년이 지난 오늘도 오지 않으셨습니다. 그러나 일부의 일탈을 제외하면(벧후 3:4), 재림의 '지연' 자체가 교회에 신앙적 위기를 초래한 흔적은 없습니다. 아마 점점 연기되는 재림의 현실을 수용했던 것 같습니다. 오늘은 문자적 재림에 대한 기대와 '신화적 사고의 잔재'라는 생각 사이에 다른 견해들이 공존합니다. 무엇이 실제 재림의 양상에 가까울지는 알 수 없습니다. 그러나 내 삶의 끝이든, 세계 역사의 끝이든, 우리 모두 주님의 임재와 심판에 직면한다는 진실은 분명합니다. 그래서 '임박한' 재림에 대한 성경의 거듭된 경고 역시 여전히 유효합니다. 성경은 바로 이 사실에 초점을 맞추며 올바른 삶을 살라고 권고합니다.

옷으로 입고, 구원의 소망을 투구로 씁시다. 9 하나님께서는
우리를 진노하심에 이르도록 정하여놓으신 것이 아니라, 우
리 주 예수 그리스도로 말미암아 구원을 얻도록 정하여놓으
셨습니다. 10 그리스도께서 우리를 위하여 죽으신 것은, 우리
가 깨어 있든지 자고 있든지, 그리스도와 함께 살게 하시려는
것입니다. 11 그러므로 여러분은 지금도 그렇게 하는 것과 같
이, 서로 격려하고, 서로 덕을 세우십시오.

마지막 권고와 인사

12 ○ 형제자매 여러분, 우리는 여러분에게 부탁합니다. 여러
분 가운데서 수고하며, 주님 안에서 여러분을 지도하고 훈계
하는 이들을 알아보십시오. 13 그들이 하는 일을 생각해서 사
랑으로 그들을 극진히 존경하십시오. 여러분은 서로 화목하
게 지내십시오. 14 형제자매 여러분, 여러분에게 권고합니다.
무질서하게 사는 사람을 훈계하고, 마음이 약한 사람을 격려
하고, 힘이 없는 사람을 도와주고, 모든 사람에게 오래 참으
십시오. 15 아무도 악으로 악을 갚지 말고, 도리어 서로에게,

믿음, 사랑, 소망이 나란히 언급되곤 합니다(8절). 그 시절에는 아주 흔하게 쓰이는 표현 방식이었나요? 이 세 단어는 성경의 다른 부분에도 자주 등장합니다. 초대교회 신자들에게는 매우 익숙한 말이었던 셈입니다. 이 단어 자체가 아니어도 하나님을 향한 신앙, 서로를 향한 배려, 그리고 구원의 소망에 대한 열렬한 기대는 초대교회 전체의 분위기를 잘 요약해줍니다. 바울 역시 이런 말들을 많이 사용합니다. 앞서 언급한 것처럼, 흥미롭게도 이 편지에서는 이 단어들을 겹쳐서 사용하는 경우가 많습니다. 데살로니가에 보낸 두 번째 편지에서도 그렇고(살후 1:3), 고린도전서에도 믿음, 소망, 사랑의 트리오가 등장합니다(고전 13:13). 믿음은 하나님과의 관계를

모든 사람에게, 항상 좋은 일을 하려고 애쓰십시오.
16 ○ 항상 기뻐하십시오. 17 끊임없이 기도하십시오. 18 모든
일에 감사하십시오. 이것이 그리스도 예수 안에서 여러분에게
바라시는 하나님의 뜻입니다. 19 성령을 소멸하지 마십시오.
20 예언을 멸시하지 마십시오. 21 모든 것을 분간하고, 좋은 것
을 굳게 잡으십시오. 22 갖가지 모양의 악을 멀리하십시오.
23 ○ 평화의 하나님께서 친히, 여러분을 완전히 거룩하게
해주시고, 우리 주 예수 그리스도께서 오실 때에 여러분의
영과 혼과 몸을 흠이 없이 완전하게 지켜주시기를 빕니다.
24 여러분을 부르시는 분은 신실하시니, 이 일을 또한 이루
실 것입니다.
25 ○ 형제자매 여러분, 우리를 위하여 기도해주십시오.
26 ○ 거룩한 입맞춤으로 모든 믿는 사람들에게 문안해주십
시오. 27 나는 주님을 힘입어 여러분에게 명합니다. 모든 믿
는 사람들에게 이 편지를 읽어주십시오.
28 ○ 우리 주 예수 그리스도의 은혜가 여러분과 함께하기를
빕니다.

집약하는 표현입니다. 그러니 삶의 전부가 이 믿음의 눈으로 조명됩니다. 현실에서 이 믿음은 물리적 만남의 대상인 이웃을 향한 사랑으로 구체화됩니다. 그리고 이런 삶은 구원의 소망을 기다리는 인내의 삶이 됩니다. 이보다 더 적절한 요약을 찾기는 쉽지 않아 보입니다.

데살로니가후서

2 Thessalonians

데살로니가후서를 읽는 독자들에게

우리의 신앙은 현실의 삶에서 어떻게 드러나는가

데살로니가교회에 보낸 첫 편지에서도 줄곧 강조했던 것처럼,
신자들에게 중요한 것은 하나님의 부르심과 그 부르심의 목적인
하나님나라에 합당한 사람들로 여겨지는 것입니다.
그래서 바울은 그들의 믿음이 계속 자라고 사랑이 더 풍성해지며,
현재 그들의 겪는 모든 박해와 환난 가운데서도
신자다운 인내와 믿음을 간직하고 있다는 사실에 감사합니다.
그리고 그들을 괴롭히는 이들에게는 고통으로,
지금 인내하는 그들에게는 휴식으로 갚아주실
하나님의 공의로움에 호소하며 신자들을 위로하고 격려합니다.

데살로니가의 교회에 보낸 두 번째 편지는 그 정황이 뚜렷하지 않습니다. 막 개척한 교회를 갑자기 떠난 후 첫 편지를 보낼 때의 긴장감은 해결된 상황이지만, 다시 편지를 쓰게 만든 또 다른 이슈들이 있었던 것 같습니다. 공동 발신인도 동일하고, 편지의 전체 어조 역시 이전 편지와 크게 다르지 않은 것을 보면, 고린도에서 첫 편지를 쓴 이후 그리 멀지 않은 시점에 이 편지를 보낸 것으로 추측됩니다.

가장 눈에 띄는 사안은 예수님의 재림을 둘러싼 오해와 혼란입니다. 교회 내의 어떤 이들이 "주님의 날이 벌써 왔다"는 주장을 하고 다녔고, 이것은 주님의 재림을 기다리는 신자들에게 상당한 혼란과 불안을 야기했습니다(2:2). 이들은 '영으로나 말로' 혹은 바울이 썼다고 주장하는 편지를 내세워 그런 주장을 펼쳤기 때문에 여파가 더 컸던 것으로 보입니다. 바울은 예수님의 재림 이전에 먼저 일어날 사건들이 있다는 사실을 알려줍니다.

예수님의 재림을 기다리는 신자들을 향한 당부

그중 가장 결정적인 것은 '적그리스도'의 출현입니다(2:1-12). 이 '멸망의 아들'이 출현하면서 아마 (대규모의?) 배교 현상이 있을 것이고, 그 이후에야 재림의 날이 도래할 것입니다. 악한 자는 '멸망하는 사람들'을 유혹해 심판에 이르게 하

바울이 전해준 전통에 대한 강조 중에서 특별히 우리의 관심을 끄는 대목은 일상생활에서의 성실함을 신앙의 중요한 요소로 부각시킨다는 사실입니다. 곧 전통을 무시하고 '무절제하게' 사는 사람들에 대한 경고입니다. 좀 더 구체적으로 이들은 "무절제하게 살면서, 일은 하지 않고, 일을 만들기만 하는" 사람들입니다.

겠지만, 주께서 오시면 그분의 '입김으로' 그리고 '그 오시는 광경의 광채로' 이 악의 존재를 멸하실 것입니다. 그러니 벌써 그날이 왔다는 터무니없는 주장에 마음이 흔들릴 이유가 없다는 것입니다.

첫 편지에서도 줄곧 강조했던 것처럼, 신자들에게 중요한 것은 하나님의 부르심과 그 부르심의 목적인 하나님나라에 합당한 사람들로 여겨지는 것입니다(1:5, 11). 그래서 바울은 그들의 믿음이 계속 자라고 사랑이 더 풍성해지며, 현재 그들이 겪는 '모든 박해와 환난 가운데서도' 신자다운 '인내와 믿음'을 간직하고 있다는 사실에 감사합니다(1:3-4). 그리고 그들을 괴롭히는 이들에게는 고통으로, 지금 인내하는 그들에게는 휴식으로 갚아주실 하나님의 공의로움에 호소하며 신자들을 위로하고 격려합니다.

데살로니가후서에는 바울이 신자들에게 전해준 가르침의 전통에 대한 강조도 나타납니다(2:15–17; 3:6–13). 이는 데살로니가전서에서도 볼 수 있지만(살전 4:1–2), 후서에서는 하나의 뚜렷한 '전통'으로 더욱 선명하게 제시됩니다. 여기에는 말뿐 아니라 편지도 포함됩니다(3:14). 그러니까 데살로니가전서 역시 '편지'로 남긴 전통의 일부가 되는 셈입니다. 바울은 이전보다 더 강한 어조로 이 전통에 대한 순종을 강조합니다(3:4, 6, 14).

바울이 전해준 전통에 대한 강조 중에서 특별히 우리의 관심을 끄는 대목은 일상생활에서의 성실함을 신앙의 중요한 요소로 부각시킨다는 사실입니다(3:6–13). 곧 전통을 무시하고 '무절제하게' 사는 사람들에 대한 경고입니다(3:6). 좀 더 구체적으로 이들은 "무절제하게 살면서, 일은 하지 않고, 일을 만들기만 하는" 사람들입니다(3:11).

일상에서의 성실함으로 드러나는 신앙

처음 교회가 생길 때부터 바울은 "일하기를 싫어하는 사람은 먹지도 말라"라고 분명히 가르쳤습니다. 그런데 이를 무시하고 여전히 신앙의 이름으로 생활의 책임을 회피하는 사람이 바울의 선교는 '모범'에서 시작합니다. 데살로니가전서에도 이 '모범'과 '본받음'의 주제는 매우 뚜렷이 나타납니다. 여기서 우리는 복음의 설득력은 복음을 선포하는 사람에게서 먼저 확인되어야 한다는 당연한 상식을 확인할 수 있습니다. 그런 점에서 데살로니가후서는 그 이전의 편지와 더불어, 우리의 신앙이 매우 현실적인 삶의 모습으로 드러난다는 사실을 가르쳐주는 귀한 편지입니다.

있었습니다. 바울은 강력한 언어로 이런 사람을 꾸짖습니다. 주 예수님의 권위를 상기시키며, "조용히 일하며 자기 손으로 번 양식을 먹으라"는 것입니다. 그들이 끝내 바울의 이런 지시를 거부한다면, 다른 신자들은 그런 "모든 형제에게서 떠나라"고 지시합니다(3:6, 12).

이런 가르침은 바울의 모범적 태도를 통해 뒷받침됩니다. 신자들의 후원을 받을 권리가 있었지만 이를 거절하고, 손수 일하며 누구에게도 폐를 끼치지 않으려 했던 자신의 모습입니다(3:7–9).

이처럼 바울의 선교는 '모범'에서 시작합니다. 데살로니가전서에도 이 '모범'과 '본받음'의 주제가 매우 뚜렷이 나타납니다

(살전 1:5-7; 2:9-10). 여기서 우리는 복음의 설득력은 복음을 선포하는 사람에게서 먼저 확증되어야 한다는 당연한 상식을 알아볼 수 있습니다. 그런 점에서 데살로니가후서는 그 이전의 편지와 더불어, 우리의 신앙이 매우 현실적인 삶의 모습으로 드러난다는 사실을 가르쳐주는 귀한 편지입니다.

{ 제1장 }

인사

1 바울과 실루아노와 디모데가 하나님 우리 아버지와 주 예수
그리스도 안에 있는 데살로니가 사람의 교회에 이 편지를 씁
니다. 2 하나님 아버지와 주 예수 그리스도께서 내려주시는 은
혜와 평화가 여러분에게 있기를 빕니다.

그리스도의 재림 때에 있을 심판

3 ○ 형제자매 여러분, 우리는 여러분을 두고 언제나 하나님
께 감사를 드릴 수밖에 없습니다. 그렇게 하는 것이 당연한 일
이니, 그것은, 여러분의 믿음이 크게 자라고, 여러분 모두가
각자 서로에게 베푸는 사랑이 더욱 풍성해가고 있기 때문입니
다. 4 그러므로 우리는 온갖 박해와 환난 가운데서도 여러분이

편지에 일정한 형식이 보입니다. 수신자와 발신자를 밝히고 축복과 감사에 이어 본론에 들어갑니다. 이것은 시대적인 것인가요, 아니면 바울 고유의 특징인가요? (우리의 편지와 달리) 보내는 사람, 받는 사람, 간단한 인사 순으로 편지가 시작됩니다. 그리고 보통 신이나 상대에게 감사하는 말이 나오고, 용건으로 들어갑니다. 예수님을 믿는 신자이자 사도로서 그 나름의 변주도 보입니다. 분위기에 따라 사도라는 사실을 말하기도 하고 생략하기도 합니다. 또 통상적인 "안녕하십니까?" 대신 "은혜가 여러분께, 그리고 평화도"라는 표현이 사용되고, 이 은혜와 평화가 하나님과 그리스도로부터 온다는 말도 덧붙입니다. 감사는 대부분 신자들을 두고 하나님께 드리는 감사입니다. 매우 힘든 경우였던 고린도전서에도 감사가 나오는 걸 보면 바울의 편지 가운데 유일하게 감사가 생략된 갈라디아서의 상황이 정말 심각했음을 짐작할 수 있습니다. 끝나는 인사말 역시 "안녕히 계십시오" 대신 '그리스도의 은혜'를 구하는 말로 바뀐 것도 흥미롭습니다.

간직한 그 인내와 믿음을 두고서 하나님의 여러 교회에서 여
러분을 자랑하고 있습니다. 5 이 일은 하나님의 공의로운 심판
의 표이니, 하나님께서 여러분을 하나님나라에 합당한 사람이
되게 하시려고 주신 것입니다. 여러분은 참으로 그 나라를 위
하여 고난을 당하고 있습니다. 6 하나님은 공의를 베푸십니다.
여러분을 괴롭히는 자들에게는 괴로움으로 갚아주시고, 7 괴
로움을 받는 여러분에게는 우리와 함께 안식으로 갚아주십니
다. 이 일은 주 예수께서 자기의 권능 있는 천사들과 함께 하늘
로부터 8 불꽃에 싸여 나타나셔서 하나님을 알지 못하는 자들
과 우리 주 예수의 복음에 순종하지 않는 자들을 처벌하실 때
에 일어날 것입니다. 9 그들은 주님 앞과 주님의 권능의 영광
에서 떨어져나가서, 영원히 멸망하는 형벌을 받을 것입니다.
10 그날에 주님께서 오시면, 자기 성도들에게서 영광을 받으
시고, 모든 믿는 사람에게서 찬사를 받으실 것입니다. 여러분
은, 우리가 여러분에게 전한 증거를 믿었습니다. 11 그러므로
우리가 언제나 여러분을 위하여 기도합니다. 그것은 우리 하나

지금 당장 일어나지 않은 "영원히 멸망하는 형벌"(9절)은 실감나지 않거나 협박처럼 들립니다. 당시 사람들은 잘 받아들였나요? 마지막 심판에 관한 경고가 잦다는 사실은 이를 믿지 않는 사람이 많았다는 뜻입니다. 우리의 삶 혹은 역사는 끝이 있고, 그때 그리스도의 영광스러운 존재가 가시화될 것이며, 모든 사람은 하나님의 엄중한 심판에 직면할 것이라는 가르침은 당시의 세계관이나 일상적 경험과도 맞지 않았습니다. 그래서 우리는 현재의 모습이 언제나 지속될 것이라는 사고의 관성에 잘 빠집니다. 교회 내에도 명시적으로 혹은 실천적으로 이를 부정하는 사람들은 늘 있었습니다(벧후 3:4). 하나님의 공정한 심판에 대한 기대는 하나님을 믿는 신앙의 한 차원입니다. 구원의 소망이기도 하고, 저주에 대한 두려움이기도 합니다. 현실에서 추론된 신념이 아니라, 하나님을 향한 신앙에서 도출되어 우리 삶을 비추는 빛으로 기능하는, 초월적 믿음이자 삶의 전제입니다.

님께서 여러분을 그의 부르심에 합당한 사람이 되게 해주시며
또 그의 능력으로 모든 선한 뜻과 믿음의 행위를 완성해주시기
를 비는 것입니다. 12 이렇게 해서 우리 하나님과 주 예수 그리
스도의 은혜로 우리 주 예수의 이름이 여러분에게서 영광을 받
고, 여러분도 그리스도 안에서 영광을 받게 하려는 것입니다.

{ 제2장 }

불법자

1 형제자매 여러분, 우리 주 예수 그리스도께서 다시 오시는
일과 우리가 그분 앞에 모이는 일을 두고 여러분에게 간청합
니다. 2 여러분은, 영이나 말이나 우리에게서 받았다고 하는
편지에 속아서, 주님의 날이 벌써 왔다고 생각하게 되어, 마
음이 쉽게 흔들리거나 당황하는 일이 없도록 하십시오. 3 여

"그분 앞에 모이는 일"(1절)이 문제가 되었나요? 왜 간청하고 있는 건가요? 그때 나 지금이나 재림은 양날의 칼입니다. 열정적인 신앙의 토대가 되기도 하지만, 잘못된 유혹의 미끼가 되기도 합니다. 데살로니가후서를 쓸 무렵, 교회에는 주의 '재림'(문자적으로는 '임재'[presence])과 다시 오신 '그분 앞에서 함께 모이는 일'이 이미 일어났다는 잘못된 주장이 등장해 교회를 혼란스럽게 했습니다. 역설적인 것은 이들이 바울의 가르침과 편지를 그 주장의 근거로 내세웠다는 사실입니다. 바울은 이런 주장의 터무니없음을 지적하며, 넋이 빠질 것도, 겁낼 것도 없다고 역설합니다(1–2절). 그리고 재림이 있기 전에 발생할 전조 현상들을 지적합니다. (대규모?) 배교가 있을 것이고, (정체가 모호한) '멸망의 아들'이 먼저 나타날 것입니다(3–4절). 아직은 그때가 아니라는 뜻입니다. 요즘도 소위 재림의 날을 예언하는 '시한부 종말론' 같은 주장들이 교회를 혼란스럽게 하곤 합니다.

러분은 아무에게도 어떤 방식으로도 속아 넘어가지 마십시
오. 그날이 오기 전에 먼저 믿음을 배신하는 일이 생기고, 불
법자 곧 멸망의 자식이 나타날 것입니다. 4 그는 신이라고 불
리는 모든 것이나 예배의 대상이 되는 모든 것에 대항하고,
그들 위로 자기를 높이는 자인데, 하나님의 성전에 앉아서,
자기가 하나님이라고 주장할 것입니다. 5 내가 여러분과 함
께 있을 때에, 이런 일을 여러분에게 거듭 말했다는 것을 기
억하지 못합니까? 6 여러분이 아는 대로, 그자가 지금은 억
제를 당하고 있지만, 그의 때가 오면 나타날 것입니다. 7 불
법의 비밀이 벌써 작동하고 있습니다. 다만, 억제하시는 분이
물러나실 때까지는, 그것을 억제하실 것입니다. 8 그때에 불
법자가 나타날 터인데, 주 [예수]께서 그 입김으로 그를 죽이
실 것이고, 그 오시는 광경의 광채로 그를 멸하실 것입니다.
9 그 불법자의 나타남은 사탄의 작용에 따른 것인데, 그는 온
갖 능력과 표징과 거짓 이적을 행하고, 10 또 온갖 불의한 속
임수로 멸망을 받을 자들을 속일 것입니다. 그것은, 멸망을

불법자는 현재의 문제였나요, 아니면 미래에 나타날 존재였나요? 오늘의 독자들에게는 '불법자'에 관한 경고 전체가 매우 난해하게 다가옵니다. 바울은 그리스도의 재림이 아직 일어나지 않았다는 사실을 분명히 하려고 재림의 전조 현상들을 언급했습니다. '불법자'에 관한 설명 역시 그런 의도를 반영하면서, 신자들에게 공정한 심판과 구원의 확실함을 강조하려는 의도를 보여줍니다. '불법의 비밀'은 현재 이미 작동하고 있지만, 불법자는 아직 나타나지 않았습니다. 그의 출현을 '막는 자' 혹은 '막는 것'이 있기 때문입니다(6-7절). 이 역시 정체를 특정하기 어렵습니다. 불법자는 언젠가 나타날 것입니다. 하지만 재림과 더불어, 주 예수님께서 그를 확실하게 처단하실 것입니다(8절). 이 '불법자'는 사탄의 대리자로 활동할 것이며, 많은 이들은 진리에 대한 사랑을 거부함으로써 구원을 받지 못할 것입니다. 얼핏 암울한 그림 같지만, 그만큼 재림의 미래성과 확실성을 더 생생하게 만들어주는 대목입니다.

받을 자들이 자기를 구원하여줄 진리에 대한 사랑을 받아들
이지 않기 때문입니다. 11 그러므로 하나님께서는 미혹하게
하는 힘을 그들에게 보내셔서, 그들로 하여금 거짓을 믿게 하
십니다. 12 그것은, 진리를 믿지 않고 불의를 기뻐한 모든 사
람들에게 심판을 내리시려는 것입니다.

훈시

13 ○ 주님의 사랑을 받는 형제자매 여러분, 우리는 여러분의
일로 언제나 하나님께 감사하지 않을 수 없습니다. 하나님께
서는 여러분을 성령으로 거룩하게 하시고, 진리를 믿게 하여
구원에 이르게 하시려고, 처음부터 여러분을 택하여주셨기 때
문입니다. 14 이렇게 되게 하시려고, 하나님께서는 우리의 복
음으로 여러분을 부르시고, 여러분에게 우리 주 예수 그리스
도의 영광을 얻게 하셨습니다. 15 그러므로 형제자매 여러분,
든든히 서서, 우리의 말이나 편지로 배운 전통을 굳게 지키십
시오. 16 우리를 사랑하시고 은혜로 영원한 위로와 선한 소망

바울이 말하는 '전통'(15절)은 무엇을 뜻하나요? 바울은 함께 있을 때 신자들이 어떻게 살며 하나님을 기쁘시게 할지 자세히 가르쳤습니다(살전 4:1). 이렇게 '말로' 가르치기도 했고, 떨어져 있을 때는 (데살로니가전서와 같은) '편지로' 가르치기도 했습니다. 바울은 그 가르침의 전통을 견고하게 지키라고 권고합니다. 오래되어서가 아니라 '전해주었다'는 의미에서 '전통'입니다. 데살로니가전서에서 보는 것처럼, 이 '전통'의 상당 부분은 바울 스스로 본을 보인 삶의 자태입니다. 신자들은 바울의 이런 모습을 본받음으로써 주를 본받는 사람이 되었습니다(살전 1:5). 또 신자들의 구체적인 상황에서 생기는 다양한 문제들을 복음의 빛으로 조명한 가르침도 많습니다(3:6). 여기서는 특히 그리스도의 재림과 관련된 혼란을 생각하면서, 종말에 대한 자신의 이전 가르침을 기억하고 잘 지키라는 의미가 강합니다(2:5).

을 주시는 하나님 우리 아버지와 우리 주 예수 그리스도께서,
친히, 17 여러분의 마음을 격려하시고, 모든 선한 일과 말에 굳
세게 해주시기를 빕니다.

{ 제3장 }

바랍니다

1 마지막으로 형제자매 여러분, 주님의 말씀이 여러분에게 퍼
진 것과 같이, 각처에 속히 퍼져서, 영광스럽게 되도록, 우리
를 위해서 기도해주십시오. 2 또 우리가 심술궂고 악한 사람
에게서 벗어나도록 기도해주십시오. 사람마다 믿음을 가지고
있는 것이 아닙니다. 3 그러나 주님께서는 신실하신 분이시
므로, 여러분을 굳세게 하시고, 악한 자에게서 지켜주십니다.
4 우리가 명령한 것을 여러분이 지금도 실행하고 있고, 또 앞
으로도 실행하리라는 것을, 우리는 주님 안에서 확신하고 있

바울은 편지를 받는 사람들보다 능력자일 텐데, 왜 그들에게 기도를 부탁하나요?
아마 바울은 '능력자'라는 표현을 반기지 않았을 겁니다. 그는 '질그릇에 담긴 보화'로 자신의 상황을 묘사합니다(고후 4:7). 또 자신이 약할 때 오히려 주님의 능력이 더 드러난다고 생각했습니다(고후 12:9). 그래서 신자를 향한 그의 편지에는 자주 기도의 말이 들어갑니다. 자신을 위해 기도해달라는 부탁 역시 자주 나타납니다. 복음의 말씀이 널러 퍼지는 것이나 부당하고 악한 사람의 위험에서 벗어나는 것은 하나님께 달린 일일 뿐, 사람의 능력과 무관합니다. 그래서 누구라도 이 대목에서는 낮아질 수밖에 없습니다. 의도적 겸손이 아니라, 사실을 직시한 사람의 태도입니다. 복음 전파나 사도로서의 임무 수행과 관련해 신자들에게 기도를 부탁할 때가 많다는 사실은 우연이 아닙니다(롬 15:30-31; 엡 6:19-20; 골 4:3-4).

습니다. 5 주님께서 여러분의 마음을 인도하셔서, 여러분이,
하나님께서 사랑하시는 것과 같이 사랑하고, 그리스도께서
인내하시는 것과 같이 인내하기를 바랍니다.

게으름을 경고하다

6 ○ 형제자매 여러분, 우리는 [우리] 주 예수 그리스도의 이름
으로 여러분에게 명령합니다. 무절제하게 살고 우리에게서 받
은 전통을 따르지 않는 모든 신도를 멀리하십시오. 7 우리를 어
떻게 본받아야 하는지는 여러분이 잘 알고 있습니다. 우리는
여러분 가운데서 무절제한 생활을 한 일이 없습니다. 8 우리는
아무에게서도 양식을 거저 얻어먹은 일이 없고, 도리어 여러
분 가운데서 어느 누구에게도 짐이 되지 않으려고, 수고하고
고생하면서 밤낮으로 일하였습니다. 9 그것은, 우리에게 권리
가 없어서가 아니라, 우리가 여러분에게 본을 보여서, 여러분
으로 하여금 우리를 본받게 하려는 것입니다. 10 우리가 여러
분과 함께 있을 때에 "일하기를 싫어하는 사람은 먹지도 말라"
하고 거듭 명하였습니다. 11 그런데 우리가 들으니, 여러분 가

지금까지와 달리 '명령'이라는 말로 단호한 당부가 나옵니다. 그리고 바울의 일행이 매우 독립적으로 생활을 꾸려왔다는 점을 강조합니다. 이런 이야기가 나온 배경은 무엇인가요? 바울은 주로 신자들에게 '권합니다'. 신앙적 성장은 본인의 깨달음과 자발적 순종의 문제이기 때문입니다. 하지만 사도로서, 또 교회의 개척자로서 '명령'하기도 합니다. '권고'보다 훨씬 무거운 명령이 필요한 경우는 사안 자체가 매우 중요해서 신자의 순종을 확실하게 해야 할 때, 혹은 신자들의 태도에 문제가 많아 매우 엄중한 단속이 필요한 상황입니다. 당시 데살로니가교회에는 다른 신자의 사랑과 배려를 악용해 타인에게 불필요한 짐을 지우는 '나태한' 사람들이 있었습니다. 바

운데는 무절제하게 살면서, 일은 하지 않고, 일을 만들기만 하
는 사람이 더러 있다고 합니다. 12 이런 사람들에게, 우리는
주 예수 그리스도 안에서 명하며, 또 권면합니다. 조용히 일해
서, 자기가 먹을 것을 자기가 벌어서 먹으십시오. 13 형제자매
여러분, 선한 일을 하다가 낙심하지 마십시오. 14 누가 이 편
지에 담긴 우리의 말에 복종하지 아니하거든, 그 사람을 특별
히 조심하여, 그와 사귀지 마십시오. 그리하여 그로 하여금 부
끄러움을 느끼게 하십시오. 15 그러나 그를 원수처럼 여기지
말고, 형제자매에게 하듯이 타이르십시오.

축복

16 ○ 평화의 주님께서 친히 언제나 어느 방식으로든지, 여러
분에게 평화를 주시기를 빕니다. 주님께서 여러분 모두와 함
께하시기를 빕니다.
17 ○ 나 바울이 친필로 문안합니다. 이것이 모든 편지에 서명
하는 표요, 내가 편지를 쓰는 방식입니다. 18 우리 주 예수 그
리스도의 은혜가 여러분 모두에게 있기를 빕니다.

울은 예전부터 이들에 대해 자주 경고했지만(살전 4:11-12), 잘 듣지 않는 이들이 있었습니다. 그래서 바울은 아주 엄한 어조로 이들을 나무라면서, 신자들에게 이런 행태를 지속하는 자들과 관계를 끊으라는 극단적 처방을 주문합니다. 책임감 있는 생활 태도가 믿음과 사랑의 중요한 표현이라는 바울의 신념이 여실히 묻어나는 대목입니다.

디모데전서

1 Timothy

디모데전서를 읽는 독자들에게

공동체 안에서의 바른 행실

바울이 디모데전서를 저술할 당시,
디모데는 에베소에서 섬기는 중이었습니다. 디모데전서는
디모데 개인에게 보낸 편지지만, 공적인 성격이 매우 강합니다.
디모데 개인의 이야기가 많이 나오는 디모데후서와 달리
사적인 사안은 거의 없고, 목회자로서 교회 내의 여러 사안을
어떻게 처리할 것인가에 관한 훈계가 대부분입니다.
당장 가기 어려운 상황에서, 하나님의 집에서 어떻게 행해야 할지를
알게 하려는 목적으로 쓴 편지입니다.

전통적으로 디모데전서와 디모데후서, 디도서는 '목회서신'으로 불립니다. 교회 전체에 보낸 여타 편지들과 달리, 이들 세 편지는 바울과 함께 활동했던 후배 선교사이자 당시 지역 교회에서 목회자로 섬기고 있던 디모데와 디도 개인에게 보낸 편지이기 때문입니다. '개인'이 수신자라는 차이점이 있지만 이들 편지도 결국 교회 전체를 염두에 두고 있다는 점, 그리고 다른 편지들도 한결같이 '목회적' 성격을 띤다는 점에서 그리 멋진 명칭은 아닌 셈입니다.

목회자 디모데에게, 선배로서 보내는 훈계

디모데는 루스드라 출신으로 유대인 어머니와 비유대인 아버지에게서 태어났으며, 그의 어머니는 일찍 복음을 믿은 사람입니다. 바울의 제2차 전도여행 때 바울에게 발탁된 후(행 16:1-3; 딤후 1:5), 바울의 가장 중요한 동역자가 되었습니다. 바울은 그를 선교지의 교회에 자주 파송했고, 대부분의 편지에 그의 이름을 공동 발신자로 올렸습니다. 바울의 마지막 예루살렘 여행에도 디모데가 함께했습니다(행 20:4).

바울이 디모데전서를 저술할 당시, 디모데는 에베소에서 목회자로 섬기고 있었습니다. 디모데전서는 디모데 개인에게 보낸 편지지만, 공적인 성격이 매우 강합니다. 디모데 개인의 이야기가 많이 나오는 디모데후서와 달리 사적인 사안은

디모데전서의 첫 주제는 거짓 율법교사들에 대한 경고입니다. 당시에는 구약의 족보에 근거를 둔 억지스러운 주장과 신화를 활용한 추상적 사색을 뒤섞은 가르침이 율법에 대한 심오한 해석인 양 통용되었습니다. 이에 대해 바울은 그런 추상적 사색의 동기는 세속적인 욕심일 뿐이며, 참 경건의 표지는 순수한 마음의 사랑과 올바른 양심, 그리고 신실한 믿음이라고 가르칩니다.

거의 없고, 목회자로서 교회 내의 여러 사안을 어떻게 처리할 것인가에 관한 훈계가 대부분입니다. 당장 가기 어려운 상황에서, '하나님의 집에서 어떻게 행해야 할지를 알게 하려는' 목적으로 쓴 편지입니다(3:14-15).

디모데전서의 첫 주제는 거짓 율법교사들에 대한 경고입니다(1:3-11; 4:1-11). 당시에는 구약의 족보에 근거를 둔 억지스러운 주장과 신화를 활용한 추상적 사색을 뒤섞은 가르침이 율법에 대한 심오한 해석인 양 통용되었습니다. 이에 대해 바울은 그런 추상적 사색의 동기는 세속적인 욕심일 뿐이며, 참 경건의 표지는 순수한 마음의 사랑과 올바른 양심, 그리고 신실한 믿음이라고 가르칩니다.

바울은 이런 믿음을 자기 개인의 경험 차원에서 확인합니다(1:12-20). 예수 그리스도께서 교회의 박해자였던 바울을 오래 참아주고 은혜를 베푸시며 사도로 섬길 수 있는 능력을 주신 이야기는 이후 주를 믿고 영생에 들어갈 모든 사람을 위한 하나의 '본보기'가 됩니다. 이는 이러한 믿음에 굳게 서고, 또 이 믿음을 버린 사람을 조심하라는 실제적 권고로 이어집니다.

감독과 집사의 자격에 관한 가르침도 잘 알려져 있습니다. 신실한 믿음에 관한 요구만 빼면, 전체적으로 어느 집단의 지도자에게든 해당될 법한 상식적인 자질들이 열거되어 있습니다. 신앙의 연륜도 무시할 수 없고, 외부의 평판도 생각하라는 권고를 보면, 바울은 지도자를 세우는 일을 매우 현실적인 차원에서 생각하고 있음을 알 수 있습니다.

다양한 훈계들을 현실에 어떻게 적용할 것인가

베테랑 목회자답게 바울은 젊은 지도자 디모데에게 교회의 다양한 신자들을 대하는 현명한 태도를 훈계하기도 합니다. 쉽지 않은 대상인 만큼 '과부'와 관련된 문제를 상세하게 조언하기도 하고, 교회의 장로들에 대한 교회의 태도를 말하기도

타당한 권고로 보이는 내용도 있지만, 오늘의 우리로서는 문자 그대로 수용하기 어려운 주문도 있습니다. 성경을 토대로 한 논증도 오히려 더 많은 물음을 불러일으킵니다. 이런 구절들은 오늘 우리에게 2천 년 전의 글을 하나님의 말씀으로 읽는 것이 무슨 뜻일까를 생각하게 합니다. 신앙이 현실이라는 사실을 깊이 깨우치는 만큼, 동시에 과거와 현재의 다른 현실을 어떻게 조율할까 고민하게 하는 글입니다.

하며, 보다 일반적인 견지에서 종들의 처신에 관한 조언을 주기도 합니다. 어느 경우든 바울은 '선한 행실의 증거'를 중요하게 내세웁니다(5:10). 이것이 신앙의 가장 구체적인 증거가 되기 때문입니다. 또 디모데 개인을 향한 조언은 전반적으로 "경솔하지 말라"는 것, 그리고 남에게 간섭하는 태도보다 스스로를 지키며 모범을 보이라는 것입니다(5:22).

돈을 향한 욕망의 위험에 대한 경고도 날카롭습니다. 돈에 대한 사랑이 모든 악의 출발점이라는 통찰과 더불어, 자족하는 태도가 경건의 중요한 특징으로 거론됩니다(6:3-10).

아마 이 편지에서 가장 악명 높은 구절은 여성의 침묵을 요구하는 구절일 것입니다(2:8-15). 타당한 권고로 보이는 내용도 있지만, 오늘의 우리로서는 문자 그대로 수용하기 어려운 주문도 있습니다. 성경을 토대로 한 논증도 오히려 더 많은 물음을 불러일으킵니다.
이런 구절들은 오늘 우리에게 2천 년 전의 글을 하나님의 말씀으로 읽는 것이 무슨 뜻일까를 생각하게 합니다. 신앙이 현실이라는 사실을 깊이 깨우치는 만큼, 동시에 과거와 현재의 다른 현실을 어떻게 조율할까 고민하게 하는 글입니다.

{ 제1장 }

인사

1 우리의 구주이신 하나님과 우리의 소망이신 그리스도 예수
의 명령으로 그리스도 예수의 사도가 된 나 바울이, 2 믿음
안에서 나의 참 아들이 된 디모데에게 이 편지를 씁니다. 하
나님 아버지와 우리 주 그리스도 예수께서 내려주시는 은혜
와 자비와 평화가 그대에게 있기를 바랍니다.

거짓 교훈을 경고하다

3 ○ 내가 마케도니아로 떠날 때에, 그대에게 에베소에 머물
러 있으라고 부탁하였습니다. 그것은, 그대가 거기에서 어떤
사람들로 하여금 다른 교리를 가르치지 못하도록 명령하고,
4 신화와 끝없는 족보 이야기에 정신을 팔지 못하도록 명령

바울이 디모데를 에베소에 남겨둘 정도로 그곳에서는 무슨 논쟁이 많았나 봅니다. 어떤 일이 있었던 건가요? 교회 내의 상황에 대한 언급은 꽤 전형적이라 구체적으로 재구성하기는 어렵습니다. 결혼 금지와 엄격한 음식 규정이나(4:3), 특별한 '지식'에 대한 주장(6:20), 부활이 이미 지나갔다는 주장을 보면(딤후 2:18), 초기 영지주의의 한 형태일 수 있습니다. 하지만 '율법교사가 되기를 원하는' 이들의 존재(1:7), '신화'나 '족보'에 대한 언급처럼(1:4; 4:7; 딤후 4:4) 유대적 경향도 있습니다. 물론 좀 더 현실적인 차원도 보입니다. 당시 주변 사회의 다양한 압박과 돈 관련 문제가 자주 언급되고(2:9; 3:3, 8; 5:8, 17–19; 6:5–10, 17–19), 여성의 역할에 관한 (악명 높은?) 가르침도 있습니다(2:9–15; 5:3–16). 전체적으로 주변 사회와 현실의 사회적, 경제적 압박, 잘못된 신학적 가르침, 신앙과 사회 질서 사이의 긴장 등 당시 상황에서 겪을 수 있는 다양한 문제들이 있었다고 생각할 수 있습니다.

하려는 것입니다. 그러한 것들은 믿음 안에 세우신 하나님의
경륜을 이루기보다는, 도리어 쓸데없는 변론을 일으킬 뿐입
니다. 5 이 명령의 목적은 깨끗한 마음과 선한 양심과 거짓
없는 믿음에서 우러나오는 사랑을 불러일으키는 것입니다.
6 그런데 몇몇 사람은 이러한 목적에서 벗어나서 쓸데없는
토론에 빠졌습니다. 7 그들은 율법교사가 되려고 하지만, 사
실은 자기들이 무엇을 말하고 있는지 또는 무엇을 주장하고
있는지도 알지 못합니다.
8 ○ 우리가 알기로 율법은, 사람이 그것을 적법하게 사용하
면, 선한 것입니다. 9 율법이 제정된 것은, 의로운 사람 때문
이 아니라, 법을 어기는 자와, 순종하지 않는 자와, 경건하지
않은 자와, 죄인과, 거룩하지 않은 자와, 속된 자와, 아비를
살해하는 자와, 어미를 살해하는 자와, 살인자와, 10 간음하
는 자와, 남색하는 자와, 사람을 유괴하는 자와, 거짓말하는
자와, 거짓 맹세를 하는 자와, 그 밖에도, 무엇이든지 건전한

여기서 율법은 무엇을 말하는 건가요? 건전한 교훈(10–11절)은 곧 율법인가요?
목회서신 전체를 가로지르는 주요 핵심 가운데 하나는 바로 '건전한 교훈'의 유지입니다(1:10; 6:3; 딤후 1:13; 4:3; 딛 1:9, 13; 2:1–2). 신체적 '건강'이라는 이미지를 활용한 표현입니다(위생을 뜻하는 영어 hygiene의 어원입니다). 물론 이 '건강한' 가르침의 토대는 '복되신 하나님의 영광스러운 복음'입니다(1:11). 하지만 이 복음은 실제 삶에서 여러 가지 구체적인 행동의 원리로 작용합니다. 신학적 신념은 자칫 엉뚱한 방향으로 빗나갈 수 있습니다. 율법에 대해서도 마찬가지입니다. 저자가 염려하는 나쁜 가르침은 율법에 담긴 고대의 이야기들을 무익하고 이단적인 사변의 수단으로 잘못 사용한 결과입니다. 율법의 신화나 족보에 대한 일방적인 집착은 오히려 십계명 같은 율법의 본래적이고 적법한 유익(1:8), 곧 우리 삶을 올바르게 규제하는 기능을 무시하게 만듭니다. 율법의 교사가 되려는 열망이 오히려 건강한 신앙을 망치는 역설적인 상황입니다.

교훈에 배치되는 일 때문임을 우리는 압니다. 11 건전한 교훈
은, 복되신 하나님의 영광스러운 복음에 맞는 것이어야 합니
다. 나는 이 복음을 선포할 임무를 맡았습니다.

은혜를 감사하라

12 ○ 나는 나에게 능력을 주신 우리 주 그리스도 예수께 감사
를 드립니다. 주님께서 나를 신실하게 여기셔서, 나에게 이 직
분을 맡겨주셨습니다. 13 내가 전에는 훼방자요 박해자요 폭
행자였습니다. 그러나 그러한 행동은 내가 믿지 않을 때에 알
지 못하고 한 것이므로, 하나님께서 나에게 자비를 베풀어주
셨습니다. 14 우리 주님께서 나에게 은혜를 넘치게 부어주셔
서, 그리스도 예수 안에서 얻는 믿음과 사랑을 누리게 하셨습
니다. 15 그리스도 예수께서 죄인을 구원하시려고 세상에 오
셨다고 하는 이 말씀은 믿음직하고, 모든 사람이 받아들일 만

갑자기 바울은 자기 이력을 꺼냅니다. 자신의 사례를 든 의도는 무엇인가요? 원래 인사말 바로 뒤에 등장하는 '감사'가 본문에서는 뒤늦게 나왔고, 그 감사도 편지 수신자나 신자들이 아니라 바울 자신에 관한 것이었습니다(12절). 목회서신에서는 바울로부터 연유한 전통과 가르침이 올바른 신앙의 기준이라는 사실과 무관하지 않습니다. 바울은 주께서 자신에게 맡기신 사도라는 직분과 회심 체험, 그리고 이를 가능하게 한 주의 은혜, 주를 향한 믿음과 사랑을 언급합니다. 모두 주께서 구원자로 오신 결과입니다. 바울은 자신에게 주어진 이 은혜의 체험이 복음 사건의 전형이자 이후 믿게 될 모든 사람을 위한 '본'이라고 말합니다(16절). 하나님께서는 교회의 박해자요 폭행자였던 바울을 오래 참으시고 그에게 은혜를 베푸셔서 복음 선포의 임무를 맡기셨습니다. 바울이 디모데에게 전수했던 복음이 바로 이 하나님의 복음이요, 그에 바탕을 둔 '가르침'이었습니다. 자신의 이야기를 상기시킴으로써, 디모데의 올바른 전투력 상승을 의도한 것입니다.

한 말씀입니다. 나는 죄인의 우두머리입니다. 16 그러나 하나
님께서는 나에게 자비를 베푸셨습니다. 그 뜻은 그리스도 예
수께서 끝없이 참아주심의 한 사례를 먼저 나에게서 드러내
보이심으로써, 앞으로 예수를 믿고 영생을 얻으려고 하는 사
람들의 본보기로 삼으시려는 것입니다. 17 영원하신 왕, 곧 없
어지지도 않고 보이지도 않는, 오직 한 분이신 하나님께 존귀
와 영광이 영원무궁토록 있기를 빕니다. 아멘.
18 ○ 아들 된 디모데여, 이전에 그대에 관하여 내린 예언을
따라 내가 이 명령을 그대에게 내립니다. 그대는 그 예언대로
선한 싸움을 싸우고, 19 믿음과 선한 양심을 가지십시오. 어떤
사람들은 선한 양심을 버리고, 그 신앙생활에 파선을 당하였
습니다. 20 그렇게 된 사람 가운데 두 사람이 바로 후메내오와
알렉산더입니다. 나는 그들을 사탄에게 넘겨주었습니다. 그것
은 내가 그들을 응징해서, 다시는 하나님을 모독하지 못하게
하려고 한 것이었습니다.

바울은 두 사람을 사탄에게 넘겨주었다고 표현합니다(20절). 사람이 사람을 사탄에게 넘겨줄 수 있는 건가요? 바울은 디모데에게 '선한 싸움' 곧 모범적인 군인의 모습으로 잘못된 가르침에 맞설 것을 주문합니다. 잘못된 가르침을 주도한 '어떤 이들'로 후메내오와 알렉산더가 언급됩니다(1:20; 딤후 2:17; 4:14). "사탄에게 넘겨준다"는 표현은 일종의 관용구로, 성령의 활동 무대인 교회 공동체로부터 축출한다는 의미입니다. 사람으로서는 그 사람을 포기하고 '버려두는' 행동이지만(가능한 또 하나의 번역), 그 결과 그 사람이 사탄의 영향력 아래 놓인다는 점에서 결국 사탄에게 '넘겨주는' 것이라 할 수 있습니다. 바울은 고린도교회에도 같은 취지의 명령을 내린 적이 있습니다(고전 5:1-5). 바울의 신념 속에서 인간은 독자적인 존재가 아니라 보다 큰 영적, 우주적 전투에 참여하는 군사들입니다. 그리스도의 군사가 아니면 사탄의 군사입니다. 그리스도와 성령의 지배로부터 벗어난다는 것은 독자적인 삶이 아닌, 사탄의 수하로 전락하는 일입니다.

{ 제2장 }

기도에 대한 가르침

1 그러므로 나는 무엇보다도 먼저, 모든 사람을 위해서 하나
님께 간구와 기도와 중보 기도와 감사 기도를 드리라고 그대
에게 권합니다. 2 왕들과 높은 지위에 있는 모든 사람을 위해
서도 기도하십시오. 그것은 우리가 경건하고 품위 있게, 조용
하고 평화로운 생활을 하기 위함입니다. 3 이것은 우리 구주
하나님께서 보시기에 좋은 일이며, 기쁘게 받으실 만한 일입
니다. 4 하나님께서는 모든 사람이 다 구원을 얻고 진리를 알
게 되기를 원하십니다. 5 하나님은 한 분이시요, 하나님과 사
람 사이의 중보자도 한 분이시니, 곧 사람이신 그리스도 예수
이십니다. 6 그분은 모든 사람을 위해서 자기를 대속물로 내
주셨습니다. 하나님께서 꼭 적절한 때에 그 증거를 주셨습니
다. 7 나는 이것을 증언하도록 선포자와 사도로 임명을 받아

2장 앞부분에는 '모든 사람'이 여러 번 나옵니다. 특별한 의도가 있는 표현인가요?

하나님께서는 모든 사람이 구원에 이르기를 원하십니다. 바울은 이 당연한 사실을 보다 구체적인 상황과 연결합니다. 기독교 신앙이 말을 거는 '모든' 사람에는 '왕들과 높은 지위에 있는 사람들'도 포함됩니다. 외세 통치 아래의 유대인들이 늘 그랬던 것처럼, 하늘의 주님을 최고 주권자로 섬기는 교회는 쉽게 주변 사회로부터 의심을 삽니다. 불가피한 박해는 견뎌야 하지만, 적어도 권력이 신앙을 박해하지 않는다면 통치 권력을 위한 기도는 신앙의 중요한 표현 중 하나로 인식되었습니다(롬 13:1–7; 벧전 2:13–17). 이런 기도는 교회에 대한 불필요한 오해를 막을 뿐 아니라, 보다 적극적으로 사회의 평화, 그리고 그 속에서 '경건'과 '단정함'을 의도한 것이었습니다. 당시 에베소는 아르테미스 같은 전통적 신뿐 아니라, 황제 제의 역시 활발했던 도시였습니다. 그럴수록 사회의 구성원이자 신자로서 세심한 균형이 필요했을 겁니다.

믿음과 진리로 이방 사람을 가르치는 교사가 되었습니다. 나
는 지금 참말을 하지, 거짓말을 하지 않습니다.
8 ○ 그러므로 나는, 남자들이 화를 내거나 말다툼을 하는 일
이 없이, 모든 곳에서 거룩한 손을 들어 기도하기를 바랍니다.
9 이와 같이 여자들도 소박하고 정숙하게 단정한 옷차림으로
몸을 꾸미기 바랍니다. 머리를 어지럽게 꾸미거나 금붙이나
진주나 값비싼 옷으로 치장하지 말고, 10 하나님을 공경하는
여자에게 어울리게, 착한 행실로 치장하기를 바랍니다. 11 여
자는 조용히, 언제나 순종하는 가운데 배워야 합니다. 12 여자
가 가르치거나 남자를 지배하는 것을 나는 허락하지 않습니
다. 여자는 조용해야 합니다. 13 사실, 아담이 먼저 지으심을
받고, 그다음에 하와가 지으심을 받았습니다. 14 아담이 속임
을 당한 것이 아니라, 여자가 속임을 당하고 죄에 빠진 것입
니다. 15 그러나 여자가 믿음과 사랑과 거룩함을 지니고, 정
숙하게 살면, 아이를 낳는 일로 구원을 얻을 것입니다.

후반부는 요즘 여성들이 읽으면 질색할 이야기들입니다. 성경이 고대 문서이기 때문에 이 부분은 폐기되어야 하는 거 아닌가요? 누구라도 불편한, 악명 높은(?) 구절입니다. 여자의 출산과 구원을 연결하는 대목은 더욱 그렇습니다(15절). 목회서신은 '경건'과 '단정함'을 추구하지만, 이는 상당 부분 당시 사회의 도덕적 감수성과 연관 있습니다. 가령 예배 때의 적절한 옷차림이 사회의 분위기에 따라 달라져 온 것이 좋은 예입니다. 목회서신은 당시 사회의 최선을 반영합니다. 당시에 남녀의 위계는 '원래 그런 것'이었고, 이는 교회에서도 마찬가지였습니다. 교회 나름의 논리로 이런 태도의 타당함을 강조하기도 합니다. 이런 본문을 토대로 남녀의 차이가 성경적이라 주장하는 이도 많지만, 12절 같은 말씀을 액면 그대로 실천하지는 못합니다. 삶의 환경 자체가 달라 문자적인 순종이 불가능하기 때문입니다. 우리는 구체적인 지침보다는 사회와 교회의 올바른 질서에 대한 바울의 관심, 그리고 오늘 우리의 상황에서 최선의 질서가 무엇인가 하는 물음에 더 주목해야 할 것입니다.

{ 제3장 }

1 이 말은 옳습니다.

감독의 자격

○ 어떤 사람이 감독의 직분을 맡고 싶어 하면, 그는 훌륭한
일을 바란다고 하겠습니다. 2 그러므로 감독은, 책망할 것이
없으며, 한 아내의 남편이며, 절제하며, 신중하며, 단정하며,
나그네를 대접하며, 가르치기를 잘하며, 3 술을 즐기지 아니
하며, 난폭하지 아니하고 너그러우며, 다투지 아니하며, 돈을
사랑하지 아니하며, 4 자기 가정을 잘 다스리며, 언제나 위엄
을 가지고 자녀들을 순종하게 하는 사람이라야 합니다. 5 (자
기 가정을 다스릴 줄 모르는 사람이 어떻게 하나님의 교회를
돌볼 수 있겠습니까?) 6 또 새로 입교한 사람도 안 됩니다.
그리하면 그가 교만해져서, 마귀가 받을 심판에 떨어질 위험

감독과 집사가 될 수 있는 사람의 자격이 나열되어 있습니다. 이들은 어떤 일을 하는 사람들인가요? 감독과 집사라는 명칭은 빌립보서에도 등장하는데(빌 1:1), 목회서신에서는 좀 더 공식적인 역할로 정비된 느낌이 강합니다. 감독과 집사는 모두 교회에서 나름의 영예를 인정받는 자리였지만(1, 13절), 교회의 지도자였다는 사실 외에는(4절) 이들이 수행한 역할을 엄밀하게 구분하긴 어렵습니다. 디도서에서는 '감독'이 '하나님의 청지기'로서(딛 1:7), '건전한 교훈'으로 신자들을 가르치는 사람들이라고 나옵니다(딛 1:9). 하지만 가르침이 특정 그룹의 전유물이 아니었다는 사실을 생각해보면, 이 역시 엄밀한 역할 규정은 아닐 수 있습니다. 바울은 디모데가 이미 잘 알고 있을 역할보다는 그 역할에 필요한 자질에 초점을 맞춥니다. 지금 우리가 보기에도 이상할 것이 별로 없는, 사회적으로나 교회적으로 가장 모범적인 사람을 아주 신중한 과정을 거쳐 선택하라는 현실적인 가르침입니다.

이 있습니다. 7 감독은 또한, 교회 밖의 사람들에게도 좋은
평판을 받는 사람이라야 합니다. 그래야 그가 비방을 받지 않
으며, 악마의 올무에 걸리지 않을 것입니다.

집사의 자격

8 ○ 이와 같이 집사들도, 신중하며, 한 입으로 두말을 하지 아
니하며, 술에 탐닉하지 아니하며, 부정한 이득을 탐내지 아니
하며, 9 믿음의 비밀을 깨끗한 양심에 간직한 사람이라야 합
니다. 10 이런 사람들을 먼저 시험하여보고, 책망받을 일이 없
으면, 집사의 일을 하게 하십시오. 11 이와 같이 여자들도, 신
중하며, 험담하지 아니하며, 절제하며, 모든 일에 성실한 사람
이라야 합니다. 12 집사들은 한 아내의 남편이며, 자녀와 자기
가정을 잘 다스리는 사람이라야 합니다. 13 집사의 직무를 잘
수행한 사람들은 좋은 지위를 얻게 되고, 그리스도 예수를 믿

감독과 집사의 자격은 무슨 차이가 있습니까? 역할에 따라 강조된 부분이 있나요?
문자적으로 보자면 '감독'은 교회 전체를 '감독'하고 '돌보는' 역할이고, '집사'는 '섬기는' 역할일 것입니다. 하지만 교회 내에서 실제 역할은 그 이름에 기계적으로 얽매이진 않았을 겁니다. 8절의 '이와 같이'라는 말에서 보듯, 가정과 사회에서 모범적이어야 한다는 지도자의 자격은 두 직분 모두 동일합니다. 초심자에게 함부로 맡기지 말고 검증된 사람을 뽑아야 한다는 것 또한 마찬가지입니다(6, 10절). 먼저 '수신제가'가 되어야 한다는 요건 역시 두 직분 모두 교회를 다스리는 역할이었음을 시사합니다(4–5, 12절). 나그네 대접과 같은 특별한 사항 역시 감독에게만 의도된 요건은 아닌 것으로 보입니다(2절). 물론 "가르치기를 잘해야 한다"는 요건은 가르침이 감독의 중요한 역할이었으리라 짐작하게 하지만, 목록 중간에 스치듯 제시된 것이라 지나치게 큰 무게를 부여하기는 어려워 보입니다(2절). 해석에 이견이 있지만, 집사의 직분은 여성에게도 열려 있었던 것으로 보입니다(11절).

는 믿음에 큰 확신을 얻게 됩니다.

우리 종교의 비밀

14 ○ 내가 곧 그대에게 가기를 바라면서도, 이 편지로 이런
지시를 써 보내는 것은, 15 만일 내가 늦어지더라도, 하나님
의 가족 가운데서 사람이 어떻게 처신해야 하는지를 그대가
알게 하려는 것입니다. 이 가족은 살아계신 하나님의 교회요,
진리의 기둥과 터입니다. 16 이 경건의 비밀은 참으로 놀랍습
니다. "그분은 육신으로 나타나시고, 성령으로 의롭다는 인
정을 받으셨습니다. 천사들에게 보이시고, 만국에 전파되셨
습니다. 세상이 그분을 믿었고, 그분은 영광에 싸여 들려 올
라가셨습니다."

하나님의 가족이란 표현이 생경합니다. 예수를 믿는 사람들을 그렇게 표현한 건가요? '하나님의 교회'를 달리 표현하면 '하나님의 가정'입니다. 교회 공동체 전체를 가리키는 말이라 '가족'보다는 '가정'이 좀 더 나은 번역입니다. 교회가 하나님의 집, 곧 하나님의 성전이라는 생각은 바울서신에 자주 나타납니다. 교회 전체도 하나님의 집이고, 교회에 속한 신자 개인의 존재도 하나님의 성전입니다. 다소 다원화된 현대와 달리, 당시 사회에서 가정 혹은 가족은 전체 사회의 가장 기본적이고 중요한 단위였습니다. 하나님의 가정이라는 명칭은 교회가 경험한 근본적인 정체성의 변화를 표현합니다. 혈연을 넘어, 예수님에 대한 믿음을 통해 아버지 하나님을 중심으로 새롭게 구성된 가족입니다. 여느 가정이 그렇듯, 하나님의 가정에도 올바른 질서가 있고, 그 토대가 되는 건전한 교훈이 있습니다. 디모데는 이 가정의 책임자로서 어떻게 행동하고 무엇을 가르칠지 잘 알아야 합니다. 바울이 이 편지를 쓴 목적이 바로 그것입니다.

{ 제4장 }

거짓 교사

1 성령께서 환히 말씀하십니다. 마지막 때에, 어떤 사람들은
믿음에서 떠나, 속이는 영과 악마의 교훈을 따를 것입니다.
2 그러한 교훈은, 그 양심에 낙인이 찍힌 거짓말쟁이의 속임
수에서 나오는 것입니다. 3 이런 자들은 혼인을 금하고, 어
떤 음식물을 먹지 말라고 할 것입니다. 그러나 그 음식물은,
하나님께서, 믿는 사람과 진리를 아는 사람이 감사하는 마음
으로 먹게 하시려고 만드신 것입니다. 4 하나님께서 지으신
것은 모두 다 좋은 것이요, 감사하는 마음으로 받으면, 버릴
것이 하나도 없습니다. 5 모든 것은 하나님의 말씀과 기도로
거룩해집니다.

거짓말쟁이(2절)는 바울의 가르침과 다른 것을 가르치는 자를 이르는 말인가요? 그런 이들이 나중에 이단이 된 건가요? 엄밀하게는 앞으로 있을 상황을 예견하는 것이지만, 현재 상황과도 무관치 않을 것입니다. 이들은 사실 '유혹하는 영과 귀신'의 가르침을 따르는 사람들입니다. 예나 지금이나 사탄의 가장 중요한 도구는 종교 지도자들입니다. 이들은 양심의 기능이 마비된 사람들, 그래서 의도적으로 위선과 거짓을 일삼는 사람들로 그려집니다. 가르침은 물론, 그들의 의도 자체도 순수하지 않다는 비판입니다. 이들은 '믿음에서 떠난' 사람들, 곧 한때 신자였으나 빗나간 사람들입니다. 스스로는 교회 안에 있다고 말하겠지만, 바울이 보기엔 건강한 복음의 울타리를 벗어났습니다. 물론 이들이 에베소교회에 속했던 사람인지는 알 수 없습니다. 이들은 결혼을 금지했고, 먹지 못하게 한 음식도 많았습니다. 천지의 창조주이신 하나님을 믿는 자에게는 하나님의 말씀과 감사의 기도로 모든 것이 거룩해진다는 말로, 바울은 이들의 가르침에서 드러나는 신학적 빈약함을 지적합니다.

그리스도 예수의 좋은 일꾼

6 ○ 그대가 이런 교훈으로 형제자매를 깨우치면, 그대는 믿음
의 말씀과 그대가 지금까지 좇고 있는 좋은 교훈으로 양육을
받아 그리스도 예수의 좋은 일꾼이 될 것입니다. 7 저속하고
헛된 꾸며낸 이야기들을 물리치십시오. 경건함에 이르도록 몸
을 훈련하십시오. 8 몸의 훈련은 약간의 유익이 있으나, 경건
훈련은 모든 면에 유익하니, 이 세상과 장차 올 세상의 생명을
약속해줍니다. 9 이 말은 참말이요, 모든 사람이 받아들일 만
한 말입니다. 10 우리가 모든 사람 특히 믿는 사람의 구주이신
살아계신 하나님께 소망을 두므로, 우리는 수고하며 애를 쓰
고 있습니다.
11 ○ 그대는 이것들을 명령하고 가르치십시오. 12 아무도, 그
대가 젊다고 해서, 그대를 업신여기지 못하게 하십시오. 도리
어 그대는, 말과 행실과 사랑과 믿음과 순결에 있어서, 믿는

바울이 당부한 대로 하려면 디모데는 거의 완벽한 사람이 되어야 할 것 같습니다. 훈련할 것도 많고 잘해야 하는 일도 많고요. 그게 가능한 일인가요? 좋은 목회자가 갖추어야 할 올바른 자세를 주문하는 이야기라 그 그림이 멋진 건 당연합니다. 훈계하면서 적당히 해도 된다고 말하지는 않을 것이기 때문입니다. 모든 면에서 지도자다워야 한다는 것, 곧 지도자로서 조금도 부족한 모습이 없어야 한다는 주문은 부담스러울 수 있습니다. 하지만 '완벽'이라는 말을 떠올리고, 이를 핑계로 시작부터 주춤하는 우리의 태도는 재고할 필요가 있습니다. 내가 못할 순 있을지라도 요구된 자질은 모두 필요한 것들입니다. 복음 공동체의 지도자에게는 더욱 그럴 것입니다. 평가는 사람의 몫이 아니기에, '완벽'에 대한 염려는 내려놓습니다. 대신 늘 최선을 다하라는 말씀으로 받아들입니다. 사실 그렇게 최선을 다하는 목회자들이 많습니다. 나 자신의 완벽함에 대한 관심은 줄이고, 내게 맡겨진 사람들, 내게 주어진 임무 자체에 관심을 기울이는 것이 훈계를 받아들이는 더 건강한 태도일 것입니다.

이들의 본이 되십시오. 13 내가 갈 때까지, 성경을 읽는 일과
권면하는 일과 가르치는 일에 전념하십시오. 14 그대 속에 있
는 은사, 곧 그대가 장로들의 안수를 받을 때에 예언을 통하여
그대에게 주신 그 은사를 소홀히 여기지 마십시오. 15 이 일들
을 명심하고 힘써 행하십시오. 그리하여 그대가 발전하는 모
습을 모든 사람에게 나타나게 하십시오. 16 그대 자신과 그대
의 가르침을 살피십시오. 이런 일을 계속하십시오. 이렇게 함
으로써, 그대 자신도 구원하고, 그대의 말을 듣는 사람들도 구
원할 것입니다.

{ 제5장 }

신도를 대하는 태도

1 나이가 많은 이를 나무라지 말고, 아버지를 대하듯이 권면하
십시오. 젊은 남자는 형제를 대하듯이 권면하십시오. 2 나이가
많은 여자는 어머니를 대하듯이 권면하고, 젊은 여자는 자매
를 대하듯이, 오로지 순결한 마음으로 권면하십시오.
3 ○ 참 과부인 과부를 존대하십시오. 4 어떤 과부에게 자녀
들이나 손자들이 있으면, 그들은 먼저 자기네 가족에게 종교
상의 의무를 행하는 것을 배워야 하고, 어버이에게 보답하는
것을 배워야 합니다. 이것이 바로 하나님께서 그들에게 원하
시는 일입니다. 5 참 과부로서 의지할 데가 없는 이는, 하나
님께 소망을 두고, 밤낮으로 끊임없이 간구와 기도를 드립니
다. 6 향락에 빠져서 사는 과부는, 살아 있으나 죽은 것입니
다. 7 그들에게 이런 것을 명령하여, 그들이 비난을 받는 일

5장의 많은 부분이 과부에 대한 이야기고, 입장도 다양해 보입니다. 왜 이렇게 과부에 신경을 쓰는 건가요? 젊은 목회자인 디모데로서는 나이 많은 신자나 젊은 여성을 대하는 일이 쉽지 않았을 것입니다(1–2절). 특히 과부를 대하는 일은 더욱 까다롭습니다. 바울은 우선 과부들의 처신을 생각합니다. 당시의 많은 유복한 과부들이 그랬듯, 향락을 즐기며 영적 죽음으로 타락할 수 있습니다. 반면, 혼자 된 몸으로 하나님을 소망하며 기도에 힘쓸 수도 있습니다. 디모데는 과부들이 이렇게 살도록 권면해야 합니다. 당시 다수의 과부들은 법적, 경제적으로 취약해 교회의 도움이 필요했습니다. 바울은 이들을 '진정한 과부'라 부릅니다(3, 5, 16절). 그러나 그에 앞서 바울은 가족의 책임을 매우 강조합니다. 과부가 된 부모의 은혜를 갚는 것이 하나님께서 기뻐하시는 자식의 도리입니다. 반면 가족을 팽개치는 사람은 믿음을 버린 것일 뿐 아니라 비신자보다 더 나쁜 사람입니다(4, 8, 16절).

이 없도록 하십시오. 8 누구든지 자기 친척 특히 가족을 돌보
지 않으면, 그는 벌써 믿음을 저버린 사람이요, 믿지 않는 사
람보다 더 나쁜 사람입니다.
9 ○ 과부로 명부에 올릴 이는, 예순 살이 덜 되어서는 안 되
고, 한 남편의 아내였던 사람이라야 합니다. 10 그는 착한 행
실을 인정받는 사람이라야 하는데, 자녀를 잘 기르거나, 나그
네를 잘 대접하거나, 성도들을 자기 집에 모시거나, 어려움을
당한 사람을 도와주거나, 모든 선한 일에 몸을 바친 사람이라
야 합니다. 11 젊은 과부는 명단에 올리는 것을 거절하십시오.
그들은, 그리스도를 거슬러 정욕에 이끌리면 결혼을 하고 싶
어 할 것이고, 12 처음 서약을 저버렸기 때문에 비난을 받을 것
입니다. 13 또한 그들은 이 집 저 집 돌아다니면서 빈둥거리
는 것을 익힐 것입니다. 더욱이, 그들은 빈둥거릴 뿐만 아니
라, 수다를 떨고, 남의 일에 참견하고, 해서는 안 되는 말을 할
것입니다. 14 그러므로 젊은 과부들은 재혼을 해서, 아이를 낳
고, 가정을 다스려서, 적대자들에게 비방할 기회를 조금도 주

젊은 과부에 대한 입장은 다소 적대적으로 보입니다. 그럴 만한 이유가 있었나요?

당시엔 젊은 여자가 나이 많은 남자와 결혼하는 경우가 많아서 젊은 과부 역시 적지 않았습니다. 그 자유로운 과부의 젊은 '욕망'이 문제가 되는 경우를 상상하기는 어렵지 않습니다. (뜻이 분명하진 않지만) 여기서 결혼하려는 욕망은 그리스도를 배반하고 첫 믿음을 저버린 것으로 정죄받아 마땅한 행태로 규정됩니다(11–12절). 또 무리를 지어 돌아다니며 뒷말과 험담을 일삼고, 교회 안에 온갖 문제를 야기하는 상황도 지적됩니다(13절). 바울은 이들이 교회의 도움을 받으면서 시간을 낭비하는 대신, 재혼해서 가정을 돌보는 사람으로 생산적인 삶을 살아감으로써 그런 문제를 해결하기를 원합니다. 그런데 이런 권고는 과부의 재혼이 첫 믿음을 버리고 그리스도를 배반하는 것이라는 (모호한) 말과 잘 어울리지 않습니다. 이런 모호함에도 불구하고, '젊은' 과부에 대한 바울의 염려가 무엇인지는 비교적 선명해 보입니다.

지 말기를 바랍니다. 15 어떤 과부들은 이미 곁길로 나가서,
사탄을 따라갔습니다. 16 어떤 여신도의 집안에 과부들이 있
거든, 그 여신도가 그들을 도와주어야 할 것이요, 교회에 짐을
지우지 말아야 할 것입니다. 그렇게 하여야 교회가 참 과부들
을 도울 수 있을 것입니다.
17 ○ 잘 다스리는 장로들은 두 배로 존경을 받아야 합니다.
특히 말씀을 전파하는 일과 가르치는 일에 수고하는 장로들
은 더욱 그러하여야 합니다. 18 성경에 이르기를, "타작마당
에서 낟알을 밟아 떠는 소의 입에 망을 씌우지 말라" 하였고,
"일꾼이 자기 삯을 받는 것은 마땅하다" 하였습니다. 19 장로
에 대한 고발은 두 사람이나 세 사람의 증인이 없이는 받아들
이지 마십시오. 20 죄를 짓는 사람을 모든 사람 앞에서 꾸짖어
서, 나머지 사람들도 두려워하게 하십시오. 21 하나님과 그리
스도 예수와 택하심을 받은 천사들 앞에서 내가 엄숙히 명령
합니다. 그대는 편견 없이 이것들을 지키고, 어떤 일이든지 공
평하게 처리하십시오. 22 아무에게나 경솔하게 안수하지 마십

사람에 대한 바울의 지침들은 매우 구체적입니다. 그런 내용들이 편하게 오갈 만큼 바울과 디모데는 서로 격의 없는 관계였나요? 디모데는 바울이 직접 선교사이자 목회자로 발탁한 인물입니다(행 16:1-3). 바울이 아들이라 불렀을 정도로 가까웠고, 실제 바울의 선교에 누구보다 오래, 깊이 간여하며 핵심 조력자 역할을 했습니다. 바울의 수제자인 셈입니다. 바울은 디모데에게 에베소 목회를 부탁했습니다. 바울이 이례적으로 긴 시간을 머물며 선교하고 가르쳤던 지역입니다. 그래서인지 에베소의 젊은 목사 디모데에게 주는 바울의 훈계는 매우 구체적이기도 하고, 또 대부분 직설적입니다. 잘 다스리는 장로에게 곱절의 보수를 지급하라는 권고가 좋은 사례입니다(17절). 물론 디모데의 건강에 대한 염려처럼, 간간이 사적인 내용이 들어가기도 합니다(23절). 서로를 깊이 아는 스승과 제자 목회자가 주고받는 전형적인 대화라 할 수 있습니다.

시오. 남의 죄에 끼어들지 말고, 자기를 깨끗하게 지키십시오.
23 이제부터는 물만 마시지 말고, 위장과 잦은 병을 생각해서
포도주를 조금씩 쓰십시오.
24 ○ 어떤 사람들의 죄는 명백해서, 재판을 받기 전에 먼저
드러나고, 어떤 사람들의 죄는 나중에야 드러납니다. 25 이
와 마찬가지로, 착한 행실도 드러나게 마련이고, 드러나지 않
은 것도, 언제까지나 감추어져 있지는 못합니다.

{ 제6장 }

1 종의 멍에를 메고 있는 사람은 자기 주인을 아주 존경할 분
으로 여겨야 합니다. 그렇게 하여야, 하나님의 이름과 우리의
가르침에 욕이 돌아가지 않을 것입니다. 2 신도인 주인을 섬기
는 종들은, 그 주인이 신도라고 해서 가볍게 여겨서는 안 됩니
다. 오히려, 주인을 더 잘 섬겨야 합니다. 왜냐하면, 이러한 섬
김에서 이익을 얻는 이들이 동료 신도요, 사랑하는 사람이기
때문입니다.

거짓 교훈과 참 부요

○ 그대는 이런 것들을 가르치고 권하십시오. 3 누구든지 다
른 교리를 가르치며, 우리 주 예수 그리스도의 건전한 말씀과
경건에 부합되는 교훈을 따르지 않으면, 4 그는 이미 교만해

종에 대한 조언은 이 시대에 종이 없으니 쓸모없는 것으로 봐도 좋은가요? 지금은 신분제 사회가 아니니까요. 앞서 에베소서나 골로새서에서도 다루었지만, 주종 관계에 관한 성경의 조언은 우리에게 더 이상 적용되지 않습니다. 이를 다른 인간관계로 돌려 적용하는 것도 위험합니다. 이런 '고대'의 말씀을 대할 때 우리는 구체적인 훈계가 아니라, 그 배후에 작동하는 근본 원리에 주목해야 합니다. 바울은 종의 신분인 신자의 잘못된 행동 때문에 '하나님의 이름과 가르침이 비방의 대상이 되는' 상황을 염려합니다. 또 믿는 형제라 해서 주인을 함부로 대해서는 안 됩니다. 동료 신자인 만큼 오히려 더 진솔한 섬김과 사랑으로 대해야 합니다. 이를 원론적으로 조망해 보면, 결국 우리 신앙이 (타당한 것으로 간주된) 사회적 책임을 회피하는 핑계가 되어서는 안 된다는 생각, 그리고 신앙은 우리의 태도를 보다 진정성 있는 것으로 만들어야 한다는 생각이 드러납니다. 또 신앙인으로서 하나님의 영광과 복음 진리의 소중함에 대한 관심도 나타납니다. 이는 우리에게도 중요한 가치들입니다.

져서, 아무것도 알지 못하면서, 논쟁과 말다툼을 일삼는 병이
든 사람입니다. 그런 데서 시기와 분쟁과 비방과 악한 의심
이 생깁니다. 5 그리고 마음이 썩고, 진리를 잃어서, 경건을
이득의 수단으로 생각하는 사람 사이에 끊임없는 알력이 생
깁니다. 6 자족할 줄 아는 사람에게는, 경건은 큰 이득을 줍
니다. 7 우리는 아무것도 세상에 가지고 오지 않았으므로, 아
무것도 가지고 떠나갈 수 없습니다. 8 우리는 먹을 것과 입을
것이 있으면, 그것으로 만족해야 할 것입니다. 9 그러나 부자
가 되기를 원하는 사람은, 유혹과 올무와 여러 가지 어리석고
도 해로운 욕심에 떨어집니다. 이런 것들은 사람을 파멸과 멸
망에 빠뜨립니다. 10 돈을 사랑하는 것이 모든 악의 뿌리입니
다. 돈을 좇다가, 믿음에서 떠나 헤매기도 하고, 많은 고통을
겪기도 한 사람이 더러 있습니다.

성경은 부자와 돈을 좋아하지 않는 것 같습니다. 그렇게 살다가는 지금 세상에 루저가 되기 십상 아닌가요? 정직한 부자가 많지 않다는 현실적인 판단 때문에 성경에서도 부자가 비난의 대상이 되는 경우가 많습니다. 하지만 그렇다고 부자가 교회의 울타리에서 벗어나지는 않습니다. 예수님의 주변이나 당시 교회에도 많지는 않지만 부자들이 있었습니다. 성경이 돈을 좋아하지 않는다는 말은 맞습니다. 불안과 욕망의 존재인 인간에게 돈은 삶의 안전을 보장하는 최선의 수단으로 보이고, 그래서 결국 하나님의 대용품으로 소비되거나 숭배됩니다. 실제 부자가 되려는 과정에서 온갖 영적, 도덕적 유혹을 받게 되고, 이는 쉽게 영적 타락의 도화선이 됩니다(9절). 그런 의미에서 돈은 온갖 악의 뿌리라는 판단이 가능합니다(10절). '자족'의 태도가 실제 '루저'를 만드는지는 무엇을 두고 경쟁하느냐에 따라 달라집니다. 돈에 대한 숭배는 참된 삶을 상실한 '루저'를 만듭니다. 성경은 불필요한 경쟁에서의 '위너'가 아니라, 참된 삶과 영원한 삶의 여정에서 '위너'가 되는 지혜를 가르칩니다(17-18절).

믿음의 선한 싸움

11 ○ 하나님의 사람이여, 그대는 이 악한 것들을 피하십시
오. 의와 경건과 믿음과 사랑과 인내와 온유를 좇으십시오.
12 믿음의 선한 싸움을 싸우십시오. 영생을 얻으십시오. 하나
님께서는 영생을 얻게 하시려고 그대를 부르셨고, 또 그대는
많은 증인들 앞에서 훌륭하게 신앙을 고백하였습니다. 13 나
는 만물에게 생명을 주시는 하나님 앞과, 본디오 빌라도에게
훌륭하게 증언하신 그리스도 예수 앞에서, 그대에게 명령합
니다. 14 그대는 우리 주 예수 그리스도께서 나타나실 때까
지 그 계명을 지켜서, 흠도 없고, 책망받을 것도 없는 사람이
되십시오. 15 정한 때가 오면, 하나님께서 주님의 나타나심
을 보여주실 것입니다. 하나님은 찬양받으실 분이시요, 오직
한 분이신 통치자이시요, 만왕의 왕이시요, 만 주의 주이십
니다. 16 오직 그분만이 죽지 않으시고, 사람이 가까이 할 수

갑자기 "아멘"(16절)이 등장합니다. 기도를 마무리할 때 쓰는 마침표 같은 단어인 줄 알았는데, 다른 쓰임새도 있었나요? '아멘'은 구약의 언어인 히브리어로, 불순종에 대한 하나님의 저주 선언 후 "그렇게 되어도 좋습니다" 하는 수긍과 동의의 발언입니다(민 5:22; 신 27:15-26). 초대교회에서도 이 말을 그대로 사용했습니다. 예수님께서는 이를 '진심으로'의 의미로 애용하셨고(마 5:18 등), 이는 요한복음에서 이중으로(예 '진정으로 진정으로', 요 1:51 등) 나옵니다. 바울은 대부분 하나님께 돌리는 찬양 기도의 끝에 아멘을 붙이는데, 이는 하나님의 이름이 나오면 거의 자동적으로 칭송의 수식을 덧붙이는 유대인의 오랜 습관입니다(롬 1:25 등). 또 그리스도께서 하나님의 모든 약속을 참 약속으로 만든다는 뜻에서 그 약속들의 "예"(Yes!)가 되시고, 그분을 통해 우리는 "아멘!" 하며 하나님께 영광을 돌린다고 말하기도 합니다(고후 1:20). 심지어 예수님을 아예 "아멘"으로 부르기도 합니다(계 3:14). 본문의 사례는 하나님께 드리는 찬양 기도 끝에 "아멘!" 하는 관행의 한 사례입니다.

없는 빛 속에 계시고, 사람으로서는 본 일도 없고, 또 볼 수
도 없는 분이십니다. 그분에게 존귀와 영원한 주권이 있기를
빕니다. 아멘.
17 ○ 그대는 이 세상의 부자들에게 명령하여, 교만해지지도
말고, 덧없는 재물에 소망을 두지도 말고, 오직 우리에게 모
든 것을 풍성히 주셔서 즐기게 하시는 하나님께 소망을 두라
고 하십시오. 18 또 선을 행하고, 좋은 일을 많이 하고, 아낌
없이 베풀고, 즐겨 나누어주라고 하십시오. 19 그렇게 하여,
앞날을 위하여 든든한 기초를 스스로 쌓아서, 참된 생명을
얻으라고 하십시오.
20 ○ 디모데여, 그대에게 맡긴 것을 잘 지키십시오. 속된 잡
담을 피하고, 거짓 지식의 반대 이론을 물리치십시오. 21 이
반대 이론을 내세우다가 믿음을 잃은 사람도 더러 있습니다.
○ 은혜가 여러분과 함께 있기를 바랍니다.

디모데후서

2 Timothy

디모데후서를 읽는 독자들에게

매우 '사적인' 바울의 편지

이 경건의 토대는 하나님의 말씀입니다.
사람들을 깨우치고 완전하게 하며,
구원에 이르게 할 만큼 지혜롭고 유익한 말씀이므로
디모데는 늘 이 말씀을 부지런히 가르쳐
복음 선포자로서의 책임을 다해야 합니다.
거짓 가르침이 성행하는 때일수록 더욱 그렇습니다.
이 부분에서 바울의 어조는 가장 단호합니다.

디모데후서는 바울이 디모데에게 보낸 두 번째 편지로, 로마에 감금된 상태에서 쓴 것으로 보입니다(1:16-17). 이 편지를 쓸 무렵, 바울은 자기 죽음이 멀지 않았다고 생각하고 있었고, 이는 편지 전체에서 매우 장중한 분위기를 만들어냅니다(4:6-8). 실제 편지의 내용도 이런 상황과 무관치 않아 보입니다. 교회의 공적 사안을 주로 다루는 디모데전서와 달리, 디모데후서는 바울과 디모데 사이의 개인적 이야기가 상대적으로 더 많은 지면을 차지합니다. 편지의 조언들도 디모데 개인을 향한 것이 많고, 바울 자신의 개인적 관심을 반영하는 대화들도 많습니다.

인내하며 참 믿음을 지키라는 당부

이 편지는 디모데를 보고 싶어 하는 바울의 마음을 표현하는 것으로 시작합니다. 이런 그리움의 한편에는 디모데가 보여주었던 '거짓 없는 믿음'이 있습니다. 그것은 그의 외조모로부터 어머니를 거쳐 디모데에게 전해진 신앙입니다(1:3-5). 바울은 이런 믿음을 상기시키며 디모데를 격려합니다. 투옥된 바울을 부끄러워하지 말고, 지금까지 그랬던 것처럼 '하나님의 능력을 힘입어 복음과 함께 고난을 받는' 삶을 지키라는 것입니다(1:6-11). 곧 디모데에게 주어진 아름다운 직분을 잘 감당하라는 부탁입니다(1:12-14).

이런 사적인 대화 속에는 그들이 공유한 복음 이야기가 진하게 흐릅니다. 하나님께서는 예수님의 나타나심을 통해 죽음의 지배를 철폐하고 썩지 않는 영원한 생명을 드러내셨습니다. 인간의 공적이 아니라, 순전한 은혜의 선물입니다(1:6-11). 특히 바울은 "다윗의 자손으로 나시고, 죽은 사람 가운데서 살아나신 예수 그리스도"를 기억하라고 부탁합니다. 바로 그분을 통해 영원한 구원의 영예를 누릴 것이기 때문입니다(2:8-13).

디모데후서에도 거짓 가르침에 관한 경고가 나타납니다. 이 거짓 가르침에는 "그리스도의 부활이 이미 지나갔다"는, '악성 종양' 같은 주장이 포함됩니다. 신자들이 이런 백해무익한 교설에 휘둘리지 않도록 디모데는 신자들을 잘 돌봐야 합니다(2:14-21).

이는 마지막 때의 '고통받는 시간'에 관한 경고와 연결됩니다. 경건을 가장하지만 경건의 능력은 없는 이들, 오히려 욕망에 이끌려 신자를 유혹하는 사람들을 경계해야 합니다. 대신 디모데는 바울에게 보고 배운 대로 인내하며 참 믿음을 지켜가야 합니다(3:1-13).

이 경건의 토대는 하나님의 말씀입니다. 사람들을 깨우치고 완전하게 하며, 구원에 이르게 할 만큼 지혜롭고 유익한 말씀이므로 디모데는 늘 이 말씀을 부지런히 가르쳐 복음 선포자로서의 책임을 다해야 합니다. 거짓 가르침이 성행하는 때일수록 더욱 그렇습니다(3:14-4:5). 이 부분에서 바울의 어조는 가장 단호합니다(4:1).

디모데후서에서 가장 잘 알려진 부분은 아마 바울이 자신의 죽음을 예감하며 남기는 말일 것입니다. 그는 자신이 사도라는 사명을 주신 하나님과의 신의를 지켰다고 생각하며, 자신 있게 '의라는 이름의 승리의 관'을 고대합니다(4:6–8). 또 마지막이 가깝다는 생각 때문인지 주변 인물들에 관한 언급이 많습니다. 좋은 기억도 있지만, 아픈 기억도 적지 않습니다. 바울은 그 아픔의 상황에서 건져주신 주님께 감사하기도 합니다(4:9–18).

죽음을 앞두고 사랑하는 제자이자 친구에게 보내는 편지

속히 자신에게 와달라고 디모데에게 부탁하는 것이나 자신을 떠난 사람이 많다는 언급은 투옥된 노장 선교사의 서글픈 '말년'을 생각하게 합니다. 신실하게 살았다 자부하고, 그래서 영원한 구원을 확신하지만, 이것이 인간적 차원에서의 영예와 함께 가지는 않습니다. 그래서 홀로 남겨진 바울은 자신과 가장 가까웠고 누구보다 자신을 잘 알았던 제자이자 친구인 디모데의 방문을 고대합니다. 서글픔과 애틋함이 함께 느껴지는 대목입니다.

디모데후서는 매우 '사적'인 바울의 편지입니다. 여기서 우리는 바울의 보다 '인간적인' 모습을 1인칭 시점으로 들여다보면서, 또 다른 관점에서 복음과 섬김에 대해 배우게 됩니다.

{ 제1장 }

인사

1 하나님의 뜻으로 그리스도 예수 안에 있는 생명의 약속을
따라 그리스도 예수의 사도가 된 나 바울이, 2 사랑하는 아들
디모데에게 이 편지를 씁니다. 하나님 아버지와 우리 주 그
리스도 예수께서 내려주시는 은혜와 자비와 평화가 그대에게
있기를 빕니다.

복음에 대한 충성

3 ○ 나는 밤낮으로 기도를 할 때에 끊임없이 그대를 기억하
면서 하나님께 감사를 드립니다. 나는 조상들을 본받아 깨끗
한 양심으로 하나님을 섬깁니다. 4 나는 그대의 눈물을 기억
하면서, 그대를 보기를 원합니다. 그대를 만나봄으로 나는 기
쁨이 충만해지고 싶습니다. 5 나는 그대 속에 있는 거짓 없는
믿음을 기억합니다. 그 믿음은 먼저 그대의 외할머니 로이스

디모데에 대한 바울의 각별한 애정이 느껴집니다. 투옥된 상황이라 바울은 디모데가 더 필요했던 건가요? '사랑하는 아들'이라는 표현은 빌레몬서에서 오네시모를 위해서도 사용했지만, 디모데후서에서는 남다른 의미가 읽히는 것이 사실입니다(고전 4:17). 디모데의 부모 때부터 이어진 인연, 그리고 선교 활동의 오랜 동역자로서 산전수전을 함께 겪은 이력 때문입니다. 목회적 훈계가 주를 이루는 디모데전서와 달리, 이 편지에는 공식적 훈계보다는 디모데를 향한 개인적 조언이 훨씬 큰 비중을 차지합니다. 그만큼 두 사람 사이의 사적, 정서적 교감이 한결 더 진하게 드러납니다. 투옥 상황 때문이기도 하겠지만, 무엇보다 바울이 자신의 죽음

와 어머니 유니게 속에 깃들여 있었는데, 그것이 그대 속에도
깃들여 있음을 나는 확신합니다. 6 이런 이유로 나는 그대를
일깨워서, 그대가, 나의 안수로 말미암아, 그대 속에 간직하
고 있는 하나님의 은사에 다시 불을 붙이게 하려고 합니다.
7 하나님께서는 우리에게 비겁함의 영을 주신 것이 아니라,
능력과 사랑과 절제의 영을 주셨습니다.
8 ○ 그러므로 그대는 우리 주님에 대하여 증언하는 일이나
주님을 위하여 갇힌 몸이 된 나를 부끄러워하지 말고, 하나
님의 능력을 힘입어 복음을 위하여 고난을 함께 겪으십시오.
9 하나님께서 우리를 구원해주시고, 거룩한 부르심으로 불러
주셨습니다. 그것은 우리의 행실을 따라 하신 것이 아니요,
하나님의 계획과 은혜를 따라 하신 것입니다. 이 은혜는 영원
전에 그리스도 예수 안에서 우리에게 주신 것인데, 10 이제는
우리 구주 그리스도 예수께서 나타나심으로 환히 드러났습니
다. 그리스도께서는 죽음을 폐하시고, 복음으로 생명과 썩지
않음을 환히 보이셨습니다. 11 나는 이 복음을 전하는 선포자
와 사도와 교사로 임명을 받았습니다. 12 그러므로 나는 이런
고난을 당하면서도 부끄러워하지 않습니다. 나는, 내가 믿어

을 예감했기 때문일 것입니다(4:6). 주변의 많은 사람들이 자신을 떠나버린 실망스러운 상황 역시 편지의 분위기에 큰 영향을 미쳤을 것입니다. 바울은 디모데에게 편지로 안부를 전하면서도, 속히 자신에게 와달라고 부탁합니다(4:9). 겨울이 되기 전, 그러니까 겨울 뱃길이 막히기 전에 빨리 오라는 당부에서도 그의 간절한 마음이 묻어납니다(4:21).

온 분을 잘 알고 있고, 또 내가 맡은 것을 그분이 그날까지 지
켜주실 수 있음을 확신합니다. 13 그대는 그리스도 예수 안에
있는 믿음과 사랑으로 나에게서 들은 건전한 말씀을 본보기
로 삼고, 14 우리 안에 살고 계시는 성령으로 말미암아 그 맡
은 바 선한 것을 지키십시오.
15 ○ 그대도 알다시피, 아시아에 있는 사람이 모두 나를 버
렸습니다. 그들 가운데는 부겔로와 허모게네가 들어 있습니
다. 16 주님께서 오네시보로의 집에 자비를 베풀어주시기를
빕니다. 그는 여러 번 나에게 용기를 북돋아주었고, 내가 쇠
사슬에 매인 것을 부끄러워하지 않았고, 17 로마에 와서는 더
욱 열심으로 나를 찾아 만나주었습니다. 18 그날에 주님께서
그에게 자비를 내리시기를 바랍니다. 그대는 그가 에베소에
서 얼마나 많이 봉사했는가를 잘 알고 있습니다.

바울은 아시아에 있는 사람이 모두 자신을 버렸다고 말합니다(15절). 이렇게 말하는 배경과 상황은 무엇인가요? '아시아에 있는 모든 사람'이라는 과장된 표현에서 배신의 아픔이 진하게 묻어납니다(15절). 과장이긴 해도 상당한 충격을 안긴 일이 있었던 것으로 보입니다. 에베소가 중심 도시인 '아시아'에서의 경험을 회고하는 대목입니다. '버렸다'라는 단어는 복음을 팽개치는 변절의 맥락에서 종종 사용됩니다(4:4; 딛 1:14). 바울을 버린 '모든 사람' 중 부겔로와 허모게네 두 사람이 특정되는데, 둘 다 여기서만 등장하는 이름입니다. 이런 언급의 구체적인 상황은 알 도리가 없습니다. 에베소 체류 당시 기록한 고린도후서에서 언급한 절체절명의 위기 상황을 가리키는 것일 수도 있지만, 추측일 뿐입니다(고후 1:8–9). 흥미롭게도 허모게네와 추후 언급될 데마는 후대의 전설적 작품 〈바울과 테클라의 행전〉에서 거짓 신앙심으로 바울과 동행하지만, 결국 바울의 박해자와 결탁해 부활이 지나갔다고 주장하며 바울을 배신하는 인물로 그려집니다.

{ 제2장 }

예수 그리스도의 훌륭한 군사

1 그러므로 내 아들이여, 그리스도 예수 안에 있는 은혜로 굳
세어지십시오. 2 그대가 많은 증인을 통하여 나에게서 들은
것을 믿음직한 사람들에게 전수하십시오. 그리하면 그들이
다른 사람들을 또한 가르칠 수 있을 것입니다. 3 그대는 그리
스도 예수의 훌륭한 군사답게 고난을 함께 달게 받으십시오.
4 누구든지 군에 복무를 하는 사람은 자기를 군사로 모집한
상관을 기쁘게 해주어야 합니다. 그러므로 그는 살림살이에
얽매여서는 안 됩니다. 5 운동경기를 하는 사람은 규칙대로
하지 않으면 월계관을 얻을 수 없습니다. 6 수고하는 농부가
소출을 먼저 받는 것이 마땅합니다. 7 내가 하는 말을 생각하
여보십시오. 주님께서는 모든 것을 깨닫는 능력을 그대에게
주실 것입니다.

디모데에게 고난을 함께 받고, 달게 받으라고 강조합니다. 디모데에게 닥칠 시련을 예상하고 하는 격려인가요? 그리스도인의 고난은 신약성경 전체에서 빠지지 않는 주제입니다. 예수님의 가르침 역시 박해를 견디는 제자가 받는 복에 관한 이야기로 시작합니다(마 5:1–16). 바울의 편지들도 마찬가지입니다. 바울은 자신의 고난도 자주 언급하고, 그 고초의 수준 또한 평범한 차원을 벗어납니다. 신자들에게도 고난의 불가피성을 자주 언급합니다. 영원을 추구하는 삶은 현재의 사회 질서에서 어려움을 자초하는 선택일 때가 많고, 그래서 그 길은 결국 그리스도의 고난에 동참하는 방식으로 통과해야 할 길이 됩니다(10, 12절). 그러니까 고난 이야기는 막연한 미래에 대한 예언이 아니라, 피할 수 없는 상황에 대한 경고에 가깝습니다. 특히 "나와 함께 고난을 받으라" 하는 권고는 현재 바울의 투옥 상황에 낙담하지 말고, 오히려 복음을 위한 전투의 관점에서 바라보도록 격려합니다(3절).

8 ○ 내가 전하는 복음대로, 다윗의 자손으로 나시고, 죽은 사
람 가운데서 살아나신 예수 그리스도를 기억하십시오. 9 나
는 이 복음 때문에 고난을 당하며, 죄수처럼 매여 있으나, 하
나님의 말씀은 매여 있지 않습니다. 10 그러므로 나는 하나님
께서 택하여주신 사람들을 위해서 모든 것을 참고 있습니다.
이것은 그들도 또한 그리스도 예수 안에 있는 구원을 영원한
영광과 함께 얻게 하려는 것입니다. 11 이 말씀은 믿을 만합니
다. 우리가 주님과 함께 죽었으면, 우리도 또한 그분과 함께
살 것이요, 12 우리가 참고 견디면, 우리도 또한 그분과 함께
다스릴 것이요, 우리가 그분을 부인하면, 그분도 또한 우리를
부인하실 것입니다. 13 우리는 신실하지 못하더라도, 그분은
언제나 신실하십니다. 그분은 자기를 부인할 수 없으시기 때
문입니다.

인정받는 일꾼

14 ○ 신도들에게 이것을 일깨우십시오. 하나님 앞에서 그들
에게 엄숙히 명해서 말다툼을 하지 못하게 하십시오. 그것은

말다툼, 속된 잡담, 어리석고 무식한 논쟁 등 말에 대한 경고가 이어지고, 후메내오와 빌레도 같은 이름이 거명됩니다. 어떤 사연이 있었던 건가요? 디모데전서의 내용을 생각하면, 율법(구약)의 신화나 족보 등에 통제 없는 상상력을 더해 만든 각종 사변들입니다. 그리고 이런 주장이 원인이 되어 생겨나는, 백해무익한 논쟁들입니다. 문제는 이런 사변적 논쟁에 탐닉할수록, 신앙의 토대인 '건전한 가르침'과 신앙의 열매인 '경건'의 실천을 팽개치게 된다는 사실입니다. 바울은 이런 이단적 가르침의 대표 주자로 후메내오와 빌레도를 지목합니다. 디모데전서에서는 양심을 버리고 신앙생활에서 파선한 사람들이자, 심지어 하나님을 모독하는 데까지

아무 유익이 없고, 듣는 사람들을 파멸에 이르게 할 뿐입니다.
15 그대는 진리의 말씀을 올바르게 가르치는 부끄러울 것 없
는 일꾼으로 하나님께 인정을 받는 사람이 되기를 힘쓰십시
오. 16 속된 잡담을 피하십시오. 그것이 사람을 더욱더 경건
하지 아니함에 빠지게 합니다. 17 그들의 말은 암처럼 퍼져나
갈 것입니다. 그들 가운데는 후메내오와 빌레도가 있습니다.
18 그들은 진리에서 멀리 떠나버렸고, 부활은 이미 지나갔다
고 말하면서, 사람들의 믿음을 뒤엎습니다. 19 그러나 하나님
의 기초는 이미 튼튼히 서 있고, 거기에는 "주님께서는 자기에
게 속한 사람을 아신다"는 말씀과 "주님의 이름을 부르는 사람
은 다 불의에서 떠나라"는 말씀이 새겨져 있습니다.
20 ○ 큰 집에는 금그릇과 은그릇만 있는 것이 아니라, 나무
그릇과 질그릇도 있어서, 어떤 것은 귀하게 쓰이고, 어떤 것은
천하게 쓰입니다. 21 그러므로 누구든지 이러한 것들로부터
자신을 깨끗하게 하면, 그는 주인이 온갖 좋은 일에 요긴하게
쓰는 성별된 귀한 그릇이 될 것입니다. 22 그대는 젊음의 정욕
을 피하고, 깨끗한 마음으로 주님을 찾는 사람들과 함께, 의와
믿음과 사랑과 평화를 좇으십시오. 23 어리석고 무식한 논쟁

나간 사람들로 언급되었습니다(딤전 1:19–20). 특히 이들은 부활이 이미 지나갔다는 위험한 주장으로 믿음의 핵심인 부활의 소망을 망가뜨립니다. 그런 점에서 이는 급속도로 퍼져 몸을 망가뜨리는 '암세포'와 같습니다. 바울은 디모데에게 이런 백해무익한 논쟁에 빠지지 말고, 진리의 말씀을 확실하게 분별하며 가르치라고 권고합니다(14–15절).

을 멀리하십시오. 그대가 아는 대로, 거기에서 싸움이 생깁니
다. 24 주님의 종은 다투지 말아야 합니다. 그는 모든 사람에
게 온유하고, 잘 가르치고, 참을성이 있어야 하고, 25 반대하
는 사람을 온화하게 바로잡아주어야 합니다. 그렇게 하면, 아
마도 하나님께서 그 반대하는 사람들을 회개시키셔서, 진리를
깨닫게 하실 것입니다. 26 그들은 악마에게 사로잡혀서 악마
의 뜻을 좇았지만, 정신을 차려서 그 악마의 올무에서 벗어날
것입니다.

하나님의 말씀의 기초를 말하면서 '거기'(19절)라고 말합니다. 이것은 성경을 말하는 건가요, 아니면 다른 무엇인가요? 교회를 어지럽히는 이들이 적지 않지만, 하나님의 교회는 든든히 설 것입니다. 그래서 바울은 교회의 기초가 든든하다고 말합니다. '거기'는 이미 든든하게 놓인 기초를 말합니다. 이 기초 혹은 기초의 일부인 초석 위에는 교회의 든든함을 보장하는 하나님의 말씀이 두 가지 새겨져 있습니다. 하나는 민수기 16장 5절, 또 하나는 16장 26절에 토대를 둔 것입니다. 바울은 이 두 말씀이 교회의 존속을 보증하는 하나님의 인증서와 같다고 말합니다. 한편으로는 주님께서 우리를 아신다는 구원론적 선언이 있습니다. 신앙은 바로 이런 깨달음에서 시작합니다. 또한 주님의 이름을 부르는 사람은 누구나 불의에서 떠나라는 말씀도 새겨져 있습니다. 하나님의 은혜는 새로운 삶을 약속하는 것인 만큼, 새로운 삶을 향한 결단을 요구합니다. 언약이란 확신과 책임이 공존하는 관계이며, 이 토대 위에 교회는 든든히 서 있을 것입니다.

{ 제3장 }

마지막 때의 타락상

1 그대는 이것을 알아두십시오. 말세에 어려운 때가 올 것입
니다. 2 사람들은 자기를 사랑하며, 돈을 사랑하며, 뽐내며,
교만하며, 하나님을 모독하며, 부모에게 순종하지 아니하며,
감사할 줄 모르며, 불경스러우며, 3 무정하며, 원한을 풀지
아니하며, 비방하며, 절제가 없으며, 난폭하며, 선을 좋아하
지 아니하며, 4 배신하며, 무모하며, 자만하며, 하나님보다
쾌락을 더 사랑하며, 5 겉으로는 경건하게 보이나, 경건함의
능력은 부인할 것입니다. 그대는 이런 사람들을 멀리하십시
오. 6 그들 가운데는 남의 집에 가만히 들어가서 어리석은 여
자들을 유인하는 사람들이 있을 것입니다. 그런 여자들은 여
러 가지 정욕에 이끌려 죄에 짓눌려 있고, 7 늘 배우기는 하

말세의 어려운 때를 이야기하며 사람들의 변화를 열거합니다(2–5절). 하지만 이것은 말세의 징조라기보다는 언제나 갖고 있던 사람들의 본성 아닌가요? 그렇습니다. 여기 열거된 현상들은 누구에게나 익숙한 '인간의 모습'입니다. 사실 바울이 창세 이후 하나님께 반역했던 사람들의 모습을 묘사할 때도 같은 악의 항목들이 대거 등장합니다(롬 1:18–32). 그러니까 이런 경고는 없던 악이 생긴다는 말이 아니라, 악한 현 세대의 모습이 더욱 악화될 것이라는 경고에 가깝습니다. 바울이 말한 '말세'는 장차 다가올 시기이기도 하지만, 현재의 시기가 이미 '말세'이기도 합니다(고전 10:11). 그렇게 보면 이 말은 악이 성행하는 말세가 장차 온다는 뜻이 아니라, 말세인 만큼 갈수록 악이 더 극심해질 것이며, 그런 현실을 직시하라는 경고에 해당합니다. 물론 악의 위세는 현재도 만만치 않습니다. 그래서 악의 목록을 길게 작성하는 중에도 바울은 디모데에게 "이런 사람들을 멀리 하라"고 훈계합니다(5절). 악과의 긴 싸움을 긴 호흡으로 끝까지 이어가라는 부탁입니다.

지만 진리를 깨닫는 데에는 전혀 이를 수 없습니다. 8 또 이
사람들은 얀네와 얌브레가 모세를 배반한 것과 같이 진리를
배반합니다. 그들은 마음이 부패한 사람이요, 믿음에 실패한
사람들입니다. 9 그러나 그들은 더 이상 나아가지 못할 것입
니다. 그들의 어리석음도 그 두 사람의 경우와 같이, 모든 사
람 앞에 환히 드러날 것이기 때문입니다.

마지막 부탁

10 ○ 그러나 그대는 나의 가르침과 행동과 의향과 믿음과
오래 참음과 사랑과 인내를 따르며, 11 안디옥과 이고니온과
루스드라에서 내가 겪은 박해와 고난을 함께 겪었습니다. 나
는 그러한 박해를 견디어냈고, 주님께서는 그 모든 박해에
서 나를 건져내셨습니다. 12 그리스도 예수 안에서 경건하게
살려고 하는 사람은 모두 박해를 받을 것입니다. 13 그런데,
악한 자들과 속이는 자들은 더욱더 악하여져서, 남을 속이기

얀네와 얌브레는 누구입니까? 진리를 배반하는 일에 대해 특별히 주의를 당부하는 이유가 있나요? 이스라엘이 이집트에서 탈출할 당시, 이집트 왕 바로는 이스라엘을 내보내려 하지 않았고, 모세는 하나님의 능력으로 이집트에 각종 재앙을 내립니다(출 7장). 이때 하나님의 진리를 대표하는 모세에게 대항했던 이집트의 마술사들이 있습니다. 지팡이를 뱀으로 만들고 나일강을 피로 만드는 이적에서 모세와 대결을 벌였던 인물들입니다. 성경에는 이들의 이름이 나오지 않습니다. 하지만 이후 이 유명한 이야기에 관한 유대인의 사색 속에서 그들의 이름이 '얀네'와 '얌브레'라는 전승이 생겨납니다. 이 이야기의 골자는 강대국 이집트의 마술사들이 모세가 드러내는 하나님의 능력에 제압당하고 창피를 당했다는 것입니다. 그러니까 이 두 사람에 대한 언급은 진리를 배반하는 구체적 정황을 설명하기 위해서가 아니라, 진리를 배반하는 일의 무익함 내지는 치명적 파국에 관한 경고라 할 수 있습니다.

도 하고 속기도 할 것입니다. 14 그러나 그대는 그대가 배워
서 굳게 믿는 그 진리 안에 머무십시오. 그대는 그것을 누구
에게서 배웠는지를 알고 있습니다. 15 그대는 어려서부터 성
경을 알고 있습니다. 성경은 그리스도 예수를 믿는 믿음으로
말미암아 그대에게 구원에 이르는 지혜를 줄 수 있습니다.
16 모든 성경은 하나님의 영감으로 된 것으로서 교훈과 책망
과 바르게 함과 의로 교육하기에 유익합니다. 17 성경은 하
나님의 사람을 유능하게 하고, 그에게 온갖 선한 일을 할 수
있게 하는 것입니다.

성경이 성경에 대한 정의를 내리고 있습니다(15–17절). 성경의 다른 책에서도 이런 식으로 성경을 정의한 경우가 있나요? 성경에는 문자적으로 '그 글', 곧 '성경' 이야기가 많이 나옵니다. 물론 초대교회 당시의 '성경'은 지금의 '구약성경'을 가리킵니다. '성경'으로 나올 때도 많고, 보다 세부적으로 '모세(율법)와 선지자와 시편' 등으로 표현될 때도 있습니다. 대부분 히브리어가 아니라 헬라어로 번역된 구약성경, 곧 '칠십인역'을 사용했습니다. 초대교회는 이 구약성경이 하나님의 말씀이고, 이 성경 전부가 모두 그리스도에게로 수렴된다고 믿었습니다. 여기서 강조되는 사실은 성경 말씀이 하나님의 말씀이며(벧후 1:20–21 참조), 그래서 사람을 가르치고 훈육하는 데 유익하다는 것, 그래서 결국 올바른 삶을 살도록 만드는 능력이 있다는 것입니다(3:16–17). 고로 성경은 예수 그리스도를 믿는 믿음을 통해 사람을 구원에 이르게 합니다(3:15). 그러니 늘 부지런히 가르치라고 디모데를 격려합니다(4:1–2). '형제 바울의 글'에 관한 언급이 나오기도 하지만(벧후 3:15–16), 신약성경이 성경으로 확립된 것은 상당한 시일이 흐른 후입니다.

{ 제4장 }

1 나는 하나님 앞과, 산 사람과 죽은 사람을 심판하실 그리
스도 예수 앞에서, 그분의 나타나심과 그분의 나라를 두고
엄숙히 명령합니다. 2 그대는 말씀을 선포하십시오. 기회가
좋든지 나쁘든지, 꾸준하게 힘쓰십시오. 끝까지 참고 가르치
면서, 책망하고 경계하고 권면하십시오. 3 때가 이르면, 사
람들이 건전한 교훈을 받으려 하지 않고, 귀를 즐겁게 하는
말을 들으려고 자기네 욕심에 맞추어 스승을 모아들일 것입
니다. 4 그들은 진리를 듣지 않고, 꾸민 이야기에 귀를 기울
일 것입니다. 5 그러나 그대는 모든 일에 정신을 차려서 고
난을 참으며, 전도자의 일을 하며, 그대의 직무를 완수하십
시오.
6 ○ 나는 이미 부어 드리는 제물로 피를 흘릴 때가 되었고,
세상을 떠날 때가 되었습니다. 7 나는 선한 싸움을 다 싸우
고, 달려갈 길을 마치고, 믿음을 지켰습니다. 8 이제는 나를
위하여 의의 면류관이 마련되어 있으므로, 의로운 재판장이
신 주님께서 그날에 그것을 나에게 주실 것이며, 나에게만이

바울은 디모데더러 자신에게 와달라고 청하고 이런저런 물건들을 같이 가져오라고 부탁합니다. 편지의 용도를 생각할 때 이것이 이 편지의 중요한 용건이었나요? 다른 편지에 비해 사적인 소통의 성격이 강한 편지라, 이런저런 개인적 내용이 많이 나옵니다. 앞서 언급한 것처럼 바울이 노년에 투옥된 데다가 죽음마저 예감하는 상황이라 더욱 그렇습니다. 왜 오라고 한 것인지는 알 수 없습니다. 겨울이 되어 지중해 뱃길이 끊기기 전에 빨리 오라고 하는 것을 보면, 바울이 디모데의 방문을 무척이나 고대한 것으로 보입니다(9, 21절). 두기고를 에베소로 보낸 것 역시 디모데의 여행을 염두에 둔 조치였을 것입니다(12절). 두꺼운 외투에 관한 언급은 노년에 투

아니라 주님께서 나타나시기를 사모하는 모든 사람에게도 주실 것입니다.

사사로운 부탁

9 ○ 그대는 속히 나에게로 오십시오. 10 데마는 이 세상을
사랑해서 나를 버리고 데살로니가로 가고, 그레스게는 갈라
디아로 가고, 디도는 달마디아로 가고, 11 누가만 나와 함께
있습니다. 그대가 올 때에, 마가를 데리고 오십시오. 그 사
람은 나의 일에 요긴한 사람입니다. 12 나는 두기고를 에베
소로 보냈습니다. 13 그대가 올 때에, 내가 드로아에 있는
가보의 집에 두고 온 외투를 가져오고, 또 책들은 특히 양피
지에 쓴 것들을 가져오십시오. 14 구리 세공 알렉산더가 나
에게 해를 많이 입혔습니다. 주님께서 그의 행위대로 그에게
갚으실 것입니다. 15 그대도 경계하십시오. 그가 우리 말에
몹시 반대하였습니다.
16 ○ 내가 처음 나를 변론할 때에, 내 편에 서서 나를 도와
준 사람은 한 사람도 없습니다. 모두 나를 버리고 떠났습니

옥되어 겨울 밤 추위에 떠는 바울의 모습을 떠올리게 합니다(13절). 또 고급 재료였던 양피지(가죽종이, parchment)에 쓴 책 역시 궁금하기 짝이 없지만(성경? 예수님 이야기? 자신의 편지 묶음?), 알 도리가 없습니다. 짧은 언급들이지만, 바울의 목소리가 가장 생생하게 들리는 대목입니다.

다. 그러나 그들에게 허물이 돌아가지 않기를 빕니다. 17 주
님께서 내 곁에 서셔서 나에게 힘을 주셨습니다. 그것은 나
를 통하여 전도의 말씀이 완전히 전파되게 하시고, 모든 이
방 사람이 그것을 들을 수 있게 하시려는 것입니다. 주님께
서 나를 사자의 입에서 건져내셨습니다. 18 주님께서 나를
모든 악한 일에서 건져내시고, 또 구원하셔서 그분의 하늘나
라에 들어가게 해주실 것입니다. 그분께 영광이 영원무궁하
도록 있기를 빕니다. 아멘.

마지막 인사

19 ○ 브리스가와 아굴라와 오네시보로의 집에 문안해주십시
오. 20 에라스도는 고린도에 머물러 있고, 드로비모는 앓고
있으므로 밀레도에 남겨두었습니다. 21 그대는 겨울이 되기
전에 서둘러 오십시오. 으불로와 부데와 리노와 글라우디아
와 모든 신도가 그대에게 문안합니다.

왜 그렇게 많은 사람들이 바울을 버리고 떠났나요? 바울은 인간관계에서는 실패한 인물이었나요? 원래 초대교회의 지도자들은 늘 '출타 중'이었습니다. 지금의 기준으로도 놀라운 거리를 누빈 바울부터가 그랬습니다. 다른 선교사들도 마찬가지입니다. '모두' 자신을 버렸다는 반복된 푸념 때문에 오해하기 쉽지만(1:15; 4:16), 4장 10-12절에서 언급된 '떠남'은 다른 이야기입니다. 데마처럼 '세상을 사랑한' 나머지 바울을 '버리고' 변절한 사람도 있지만, 나머지는 바울을 떠난 것이 아니라 갈라디아, 달마디아, 에베소 등 다양한 지역의 선교를 위해 해야 할 여행을 한 경우들입니다. 바울이 보낸 이도 있고, 자의로 떠난 이들도 있을 것입니다. 아직 바울 곁에 남아 있는 누가 역시 다른 곳으로 떠날지도 모릅니다. 섬김을 위한 떠남이어도 외롭기는 했을 것입니다. 인간관계의 문제가 아니라, 신앙의 지조를 지키는 일의 어려움, 특히 고난에 함께하는 일의 어려움이 반영된 현실일 것입니다.

22 ○ 주님께서 그대의 영과 함께하시기를 빌며, 주님의 은
혜가 여러분과 함께 있기를 빕니다.

디도서

Titus

디도서를 읽는 독자들에게

은혜가 깊을수록
선한 삶에 더욱 열심을

상대적으로 짧은 편지지만, 여기에는
교회에 대한 바울의 깊은 염려와 젊은 목회자를 향한
사랑이 잘 나타나 있습니다. 특히 그의 훈계를 뒷받침하기 위해 제시된
복음에 관한 두 번의 설명은 하나님의 은혜로 시작되어
신자들의 순종을 통해 그 위력을 발휘하는 복음의 역동성을
매우 감동적으로 그려냅니다. 은혜가 깊을수록
그만큼 더 선한 삶에 열심을 내게 되는 진리입니다.
은혜가 우리를 가르친다는 생각은 로마서에 나오는
은혜의 통치라는 개념과 더불어 복음을 제대로 이해하기 위해
곱씹어야 할 가르침입니다.

디도서는 분위기나 다루는 주제 면에서 디모데전서와 대체로 비슷합니다. 비유대인이었던 디도는 디모데처럼 바울의 선교 초기부터 함께했던 제자이자 동료였습니다(갈 2:1, 3; 고후 2:13; 7:6–7, 13–14; 8:16). 바울이 이 편지를 쓸 당시 디도는 바울의 파송을 받아 크레타에서 교회를 돌보는 중이었습니다.

후배 목회자 디도를 위한 세세한 훈계

디도의 임무는 교회가 있는 모든 마을에 장로와 감독을 세우는 일이었습니다. 지도자는 개인적, 가정적, 사회적으로 흠이 없고 신실한 가르침을 잘 지키는 사람이어야 합니다. 행위로 하나님을 시인하는 사람이라야 권위 있게 다른 이들을 가르치고, 거짓 교사들을 효과적으로 반박할 수 있기 때문입니다(1:5–9). 바울이 모범적 실천과 교훈을 강조하는 것은 '반대자들' 때문입니다(1:9–16). 이 반대자들은 유대의 신화와 여러 의식을 내세우지만 실은 사적 이익을 위해 성도를 속이는 사람들, 입으로는 하나님을 시인하지만 행위로는 부인하는 사람들입니다. 바울은 디도에게 단호한 태도로 그들을 막고 엄하게 꾸짖으라고 명령합니다(1:9–16).

반대자들에 대한 구체적 지침도 제시합니다. 한마디로 "피하라"는 것입니다. 계속 헛된 가르침을 베풀며 공동체의 분열을 조장하는 사람들에게 한두 번 경고하지만, 그들이 계속 듣지 않으면 배척해야 합니다. 악한 행동으로 자신의 타락을 증명하는 사람들이기 때문입니다.

대신 디도는 '건전한 교훈'을 토대로 각 세대에게 맞는 가르침을 베풀어야 합니다. 특히 연장자는 젊은 세대의 본이 되어야 하고, 목회자 디도는 더욱 그렇습니다. 이것이 복음의 위상을 높이는 길입니다. 하나님께서는 우리를 은혜로 구원하시고 복된 영생의 소망을 주셨습니다. 이를 위해 예수님께서는 자기를 희생해 우리를 불법에서 건져 선한 일에 열심을 내는 (자기) 백성/소유가 되게 하셨습니다. 구원의 부르심 속에 담긴 이런 실천적 의미를 분명하게 가르치는 것이 지도자 디도의 임무였습니다(2:1-15).

따라서 디도는 신자들이 '모든 선한 일을 행할 준비를 갖추게' 해야 합니다. 통치자에 대한 순종, 평화로운 관계의 추구 등이 여기 속합니다. 하나님의 사랑은 신자들을 헛된 삶에서 건져 성령으로 새롭게 하셨고, 은혜를 힘입어 영생을 상속하게 하셨습니다. 이런 뜻을 기억하며 선한 삶을 사는 것이 신자들의 책무입니다. 디도는 이 '아름답고 유익한' 일들을 담대하게 가르쳐야 합니다(3:1-8).

복음의 역동성을 감동적으로 그려낸 짧은 글

상대적으로 짧은 편지지만, 여기에는 교회에 대한 바울의 깊은 염려와 젊은 목회자를 향한 사랑이 잘 나타나 있습니다. 특히 그의 훈계를 뒷받침하기 위해 제시된 복음에 관한 두 번의 설명은 하나님의 은혜로 시작되어 신자들의 순종을 통해 그 위력을 발휘하는 복음의 역동성을 매우 감동적으로 그려냅니다(2:11-14; 3:3-8). 은혜가 깊을수록 그만큼 더 선한 삶에 열심을 내게 되는 진리입니다. 은혜가 우리를 '가르친다'는 생각은 로마서에 나오는 '은혜의 통치'라는 개념과 더불어 복음을 제대로 이해하기 위해 곱씹어야 할 가르침입니다.

이런 분위기에 맞게, 이 편지에서 바울은 자신이 "하나님의 택하심을 받은 사람들의 믿음을 일깨워주고 경건함에 딸린 진리의 지식을 깨우쳐주기 위하여" 사도가 되었다고 말합니다(1:1). 복음을 선포하는 역할은 동일하겠지만(1:2-3), 이 역할을 현재의 필요에 맞게 새롭게 이해하고 있습니다. 복음이 늘 구체적인 상황 속에서 전해진다는 당연한 진리를 다시금 생각하게 하는 대목입니다.

{ 제1장 }

인사

1 하나님의 종이요 예수 그리스도의 사도인 나 바울은, 하
나님의 택하심을 받은 사람들의 믿음을 일깨워주고 경건함
에 딸린 진리의 지식을 깨우쳐주기 위하여, 사도가 되었습니
다. 2 나는 거짓이 없으신 하나님께서 영원 전부터 약속해두
신 영생에 대한 소망을 품고 있습니다. 3 하나님께서는 제때
가 되었을 때에 하나님의 이 약속의 말씀을 사도들의 선포를
통하여 드러내셨습니다. 나는 우리의 구주이신 하나님의 명
령을 따라 이것을 선포하는 임무를 맡았습니다. 4 나는, 같은
믿음을 따라 진실한 아들이 된 디도에게 이 편지를 씁니다.
하나님 아버지와 우리 구주 예수 그리스도께서 내려주시는
은혜와 평화가 그대에게 있기를 빕니다.

"영원 전부터 약속해두신 영생에 대한 소망"(2절)은 무엇을 말하는 건가요? '영원 전부터'는 문자적으로 풀면 '영원한 시간들 이전에'라는 뜻으로, 사람이 사는 '시간'이 시작되기 전, 곧 사람들이 무엇을 할 수도 없었던 때를 말합니다. 하나님의 약속이 인간의 이런저런 조건과 얽힌 것이 아니라, 오로지 하나님의 선제적인 의지로 이루어졌다는 뜻입니다. '영생'은 신약성경에서 구원을 가리키는 표현 중 하나입니다. 죽을 몸으로 사는 삶, 곧 죽음으로 끝나는 현세적 삶과 달리, 구원과 더불어 주어질 생명은 새로운 부활의 몸으로 누리는 삶, 곧 죽음의 지배가 종식된 후의 '영원한 삶'입니다. 부활한 존재로 누리게 될 이 영원한 삶이 기독교가 말하는 '소망'의 내용입니다. 그리스도인들은 예수 그리스도를 통해 생명의 하나님을 알게 되었고, 이 하나님께서 약속하신 영생을 고대하면서 부르심에 어울리는 삶을 살아갑니다. 바울은 바로 이 영생의 소망이 사도로서 자신이 선포할 복음의 핵심에 속한다고 이야기합니다.

크레타에서 해야 할 디도의 사역

5 ○ 내가 그대를 크레타에 남겨둔 것은, 남은 일들을 정리하
고, 내가 지시한 대로, 성읍마다 장로들을 세우게 하려는 것
입니다. 6 장로는 흠잡을 데가 없어야 하며, 한 아내의 남편
이라야 하며, 그 자녀가 신자라야 하며, 방탕하다거나 순종
하지 않는다는 비난을 받지 않아야 합니다. 7 감독은 하나님
의 청지기로서, 흠잡을 데가 없으며, 자기 고집대로 하지 아니
하며, 쉽게 성내지 아니하며, 술을 즐기지 아니하며, 폭행하지
아니하며, 부정한 이득을 탐하지 아니하는 사람이라야 합니다.
8 오히려 그는 손님을 잘 대접하며, 선행을 좋아하며, 신중하
며, 의로우며, 경건하며, 자제력이 있으며, 9 신실한 말씀의
가르침을 굳게 지키는 사람이라야 합니다. 그래야 그는 건전
한 교훈으로 권면하고, 반대자들을 반박할 수 있을 것입니다.
10 ○ 복종하지 아니하며 헛된 말을 하며 속이는 사람이 많이

장로와 감독에 대한 기준을 제시하고 있습니다. 이것은 사역을 위해 필요한 인재 선발 기준이었나요? 장로와 감독의 차이는 무엇인가요? 바울은 분명한 필요가 있어 디도를 크레타 섬에 남겨두었습니다. 하나는 '남은 일을 정리하는' 것입니다. 좀 더 세밀하게 말하면 '부족한 일을 바로잡는' 것입니다. 지금 우리야 이 '부족한 것들'이 무엇인지 알 수 없지만, 바울의 명령대로 '각 도시에 장로를 세우는' 일도 그중 하나였습니다(5절). 디모데전서와 마찬가지로 여기서도 바울은 장로의 자격에 세심한 관심을 기울입니다(6절). 그런데 7절에서는 '장로' 대신 '감독'이 나옵니다. 하지만 그렇다고 감독을 위한 새로운 조건이 나오지는 않습니다. 오히려 6절의 자격이 계속 이어집니다. 이렇게 보면, 여기서 '장로'와 '감독'은 결국 같은 직분을 가리키는 다른 표현으로 판단됩니다. 디모데전서에도 감독(딤전 3:3)과 장로(딤전 5:1-2, 17-19)가 각각 나오지만, 사실상 같은 직분일 것입니다. 세밀한 업무 구분 없이, 필요한 대로 교회를 가르치고 관리하며 교회를 이끄는 지도자로서의 역할입니다.

있는데, 특히 할례를 받은 사람 가운데 많이 있습니다. 11 그
들의 입을 막아야 합니다. 그들은 부정한 이득을 얻으려고,
가르쳐서는 안 되는 것을 가르치면서, 가정들을 온통 뒤엎습
니다. 12 크레타 사람 가운데서 예언자라 하는 어떤 사람이
말하기를 "크레타 사람은 예나 지금이나 거짓말쟁이요, 악
한 짐승이요, 먹는 것밖에 모르는 게으름뱅이다" 하였습니
다. 13 이 증언은 참말입니다. 그러므로 그들을 엄중히 책망
하여, 그들의 믿음을 건전하게 하고, 14 유대 사람의 허망한
이야기나 진리를 배반하는 사람들의 명령에 귀를 기울이지
못하게 하십시오. 15 깨끗한 사람에게는 모든 것이 깨끗합니
다. 그러나 믿지 않는 더러운 사람에게는, 깨끗한 것이라고는
하나도 없습니다. 도리어, 그들의 생각과 양심도 더러워졌습
니다. 16 그들은 입으로는 하나님을 안다고 말하지만, 행동으
로는 부인하고 있습니다. 그들은 가증하고 완고한 자들이어
서, 전혀 선한 일을 하지 못합니다.

크레타에 제자를 남겨두고 온 사람이 크레타 사람들을 맹비난합니다. 진정한 동역자라면 그곳을 떠나라고 말하는 것이 맞는 거 아닌가요? 크레타 사람에 대한 비난은 상당 부분 수사적입니다. 실제 비판은 크레타 섬의 교회 내부에 있었던 일부 거짓 교사들을 겨냥한 것입니다. 디모데 서신들에서 봤던 것처럼, 크레타에도 유대적 배경을 이용해 잘못된 가르침을 선전하는 이들이 있었습니다. 바울은 이들의 의도를 강하게 의심하며, 이들이 자신의 '더러운 이익'을 위해 '진리를 배반하는' 사람들이라 비난합니다(10–16절). 어떤 때는 서울 사람 입에서도 "에이, 서울깍쟁이들" 하는 말이 나옵니다. 서울 사람이 다 그렇다는 말이 아니라, 그만큼 화가 난다는 뜻입니다. 바울은 주전 6세기 무렵 크레타 출신의 철학자 에피메니데스를 '예언자'라 칭하면서, 자기 동네 사람을 비난했던 그 예언자의 말을 "옛말 틀린 거 하나 없더라"라며 인용합니다(12–13절). 절대 진리라는 뜻이 아니라(그랬다면 에피메니데스부터가 거짓말쟁이겠지요), 그 정도로 위험하니 특별히 주의하라는 것입니다.

{ 제2장 }

교리에 맞는 말

1 그대는 건전한 교훈에 맞는 말을 하십시오. 2 나이 많은 남
자들은, 절제 있고, 위엄 있고, 신중하고, 믿음과 사랑과 인내
심이 흔들리지 않는 사람이 되게 하십시오. 3 이와 같이 나이
많은 여자들도, 행실이 거룩하고, 헐뜯지 아니하고, 과도한
술의 노예가 아니고, 좋은 것을 가르치는 사람이 되게 하십시
오. 4 그리하여 그들이 젊은 여자들을 훈련시켜서, 남편과 자
녀를 사랑하고, 5 신중하고, 순결하고, 집안 살림을 잘하고,
어질고, 남편에게 순종하는 사람이 되게 해야 할 것입니다.
그래야 하나님의 말씀이 비방을 받지 않을 것입니다. 6 이와
같이 그대는 젊은 남자들을 권하여 신중한 사람이 되게 하십

나이 많은 남자와 여자, 젊은 여자와 남자 등 대상에 따라 거의 인성교육 지침에 가까운 바울의 요구가 이어집니다. 과연 이런 걸 다 지키고 사는 게 가능할까요? 바울이 매우 잔소리꾼처럼 보입니다. 당시 교회의 기본 구조인 가정을 배경으로 한 훈계는 에베소서, 골로새서, 베드로전서, 디모데전서 등에도 나옵니다. 가정의 구성원들에게 각각의 위치에 어울리는 바람직한 행동을 훈계하는 방식입니다. 이는 분명 복음에 어울리는 '건전한(바른) 교훈'이지만, 그 내용은 대부분 당시의 일반 사회에서도 권장되던 보편적 덕목들입니다. 이는 신자들의 잘못된 행동 때문에 하나님의 말씀이 비방을 받지 않아야 하고, 오히려 그들을 통해 '하나님의 교훈이 빛나도록' 해야 한다는 관심의 표현입니다. 여기서도 신분에 따라 예상되는 품행이 적절히 제시되는데, 어려운 수준의 요구라기보다는 누가 봐도 바람직한 혹은 '이상적인' 모습들입니다. 욕망에 쉽게 이끌리는 인간이기에, 올바른 삶에 대한 경고는 언제나 필요하고 늘 적절합니다. 신앙인이라 해서 다를 바 없습니다. 비록 구체적인 실천은 때로 오락가락하더라도, 우리의 삶은 언제나 가장 멋진 태도를 지향하는 것이 당연합니다.

시오. 7 그대는 모든 일에 선한 행실의 모범이 되십시오. 가
르치는 일에 순수하고 위엄 있는 태도를 보여야 합니다. 8 책
잡힐 데가 없는 건전한 말을 하십시오. 그리하면 반대자도 우
리를 걸어서 나쁘게 말할 것이 없으므로 부끄러움을 당할 것
입니다. 9 종들을 가르치되, 모든 일에 주인에게 복종하고,
그들을 기쁘게 하고, 말대꾸를 하지 말고, 10 훔쳐내지 말고,
온전히 신실하라고 하십시오. 그러면 그들이 모든 일에서 우
리의 구주이신 하나님의 교훈을 빛낼 것입니다.
11 ○ 모든 사람에게 하나님의 구원의 은혜가 나타났습니다.
12 그 은혜는 우리를 교육하여, 경건하지 않음과 속된 정욕을
버리고, 지금 이 세상에서 신중하고 의롭고 경건하게 살게 합
니다. 13 그래서 우리는 복된 소망 곧 위대하신 하나님과 우리
구주 예수 그리스도의 영광이 나타나기를 고대합니다. 14 그
리스도께서는 우리를 위하여 자기 몸을 내주셨습니다. 그것은
우리를 모든 불법에서 건져내시고, 깨끗하게 하셔서, 선한 일

하나님의 은혜가 우리를 '양육한다'는 표현은 낯설어 보입니다. 바울이 말하는 은혜란 무엇인가요? 사람을 구원하는 하나님의 은혜는 누구에게나 차별 없이 주어집니다. 그러나 우리의 경험과 달리, 아무한테나 준다고 하찮은 선물은 아닙니다. 누구나 받지만, 엄연히 하나님의 은혜, 곧 생명을 창조하는 하나님의 선물입니다. 이 은혜는 사람끼리의 차별을 넘어 '나타나' 우리를 살리고, 변화된 눈으로 세상을 보게 하며, 달라진 길을 걷게 하는 창조적이고 역동적인 은혜입니다. 바울은 이를 은혜의 통치(다스림)라 부릅니다(롬 5:21; 6:14-15). 하나님의 "은혜가 우리를 양육한다"라는 말도 같은 생각의 변주입니다. '가르친다'(to educate) 혹은 '훈련한다'(to train)는 의미입니다. 은혜는 경건하지 못한 것, 헛된 욕망의 대상에 불과한 것을 깨닫게 합니다. 대신 올바른 삶에 대해 묻게 하고, 영원한 가치를 생각하게 합니다. 사라질 이 세상의 지평을 넘어, 구원의 소망이라는 초월의 지평으로 우리를 데려갑니다. 이렇게 은혜는 우리가 복된 구원의 소망에 이르도록 우리를 가르치고 길러갑니다.

에 열심을 내는 백성으로 삼으시려는 것입니다. 15 그대는 권
위를 가지고 이것들을 말하고, 사람들을 권하고 책망하십시
오. 아무도 그대를 업신여기지 못하게 하십시오.

{ 제3장 }

선행에 관한 교훈

1 그대는 신도를 일깨워서, 통치자와 집권자에게 복종하고, 순
종하고, 모든 선한 일을 할 준비를 갖추게 하십시오. 2 또, 아
무도 비방하지 말고, 싸우지 말고, 관용하게 하며, 언제나 모
든 사람에게 온유하게 대하게 하십시오. 3 우리도 전에는 어리
석고, 순종하지 아니하고, 미혹을 당하고, 온갖 정욕과 향락에

구원해주신 것은 "우리가 행한 의로운 일 때문이 아니라, 그분의 자비하심을 따라"(5절) 말미암았다고 바울은 말합니다. 구원은 오롯이 하나님 마음대로라는 말인가요? 우리를 구원하시는 하나님의 계획은 '영원한 시간 이전에' 마련된 것입니다(1:2). 우리의 아이디어가 아니라, 하나님의 주권적 결정이었습니다. 바울은 '우리'로 표현된 독자의 과거가 전혀 의롭지 못했다고 말합니다(3:3). 그래서 하나님의 사랑은 전적으로 '자비'이자 '긍휼'입니다(3:5). 따라서 "우리가 행한 의로운 일 때문이 아니라"라는 말은 "의롭게 살았지만 그건 무시하고"의 의미가 아니라, "우리가 무슨 의를 행해서가 아니라"라는 뜻입니다. 내세울 것이 없는데, 우리를 불쌍히 여기셨다는 뜻입니다. 구원은 '오롯이 하나님 마음대로'지만, 이 자유는 철저히 자격 없는 사람을 구원하는 자비로 나타납니다. 이 '자비'와 '사람에 대한 사랑'(헬라어로 philadelphia)은 성령으로 우리를 새로 태어나게 하는 씻음과 새롭게 함으로 나타납니다. 악에서 죽음으로 가는 길에서 벗어나, 새로운 사람이 되어 구원으로 가게 하는 새로운 삶의 능력입니다(3:5–6). 이것이 하나님의 은혜의 본질입니다.

종노릇하고, 악의와 시기심을 가지고 살고, 남에게 미움을 받
고, 서로 미워하면서 살았습니다. 4 그러나 우리의 구주이신
하나님께서 그 인자하심과 사랑하심을 나타내셔서 5 우리를
구원하셨습니다. 그분이 그렇게 하신 것은, 우리가 행한 의로
운 일 때문이 아니라, 그분의 자비하심을 따라 거듭나게 씻어
주심과 성령으로 새롭게 해주심으로 말미암은 것입니다. 6 하
나님께서는 이 성령을 우리의 구주이신 예수 그리스도로 말미
암아 우리에게 풍성하게 부어주셨습니다. 7 그래서 우리는 그
분의 은혜로 의롭게 되어서, 영원한 생명의 소망을 따라 상속
자가 되었습니다. 8 이 말은 참됩니다.
○ 나는 그대가, 이러한 것을 힘 있게 주장해서, 하나님을 믿
는 사람으로 하여금 선한 일에 전념하게 하기 바랍니다. 선한
일은 아름다우며, 사람에게 유익합니다. 9 그러나 어리석은 논
쟁과 족보 이야기와 분쟁과 율법에 관한 싸움을 피하십시오.
이것은 유익이 없고, 헛될 뿐입니다. 10 분파를 일으키는 사람

바울의 편지들은 하나같이 구성이나 내용이 아주 잘 짜여진 문서처럼 보입니다. 당시에 바울은 편지를 사용할 만큼 지적인 수준이나 형편이 되었나요? 디아스포라 유대인 바울은 전문 율법교육을 받아 성경에 해박했습니다. 일반 교육에 대한 기록은 없지만, 소위 '배운 사람'의 흔적은 꽤 있습니다. 요즘처럼 당시에도 편지의 일반 양식이 있었습니다. 바울도 이 관행을 따르지만, 이런저런 기독교적 변형도 보여줍니다. 그의 편지들은 대체로 매우 세심하게 작성되었고, 수사학적으로도 잘 구성된 글입니다. 그 속에는 적나라한 현실적 대화에서부터 고도로 발전된 신학적(추상적) 사색까지 다양한 형태와 수준의 생각이 나타납니다. 많은 편지를 썼고, 주요 편지들은 당시 평균보다 훨씬 더 길고 '신학적'입니다. 이 역시 '배운 사람'다운 면모의 하나입니다. 당시 파피루스는 비쌌고 양피지는 더 그랬지만, 정확한 추산은 어렵습니다. 다만 노동과 선교를 겸했던 바울, 그리고 초기 교회가 이 많은 편지와 글을 남길 수 있었던 것을 보면, 터무니없는 수준을 상상할 필요는 없어 보입니다.

은 한두 번 타일러본 뒤에 물리치십시오. 11 그대가 아는 대로,
이런 사람은 옆길로 빠져버렸으며, 죄를 지으면서 스스로 단
죄를 하고 있습니다.

부탁과 인사

12 ○ 내가 아데마나 두기고를 그대에게 보내거든, 속히 니고
볼리로 나를 찾아오십시오. 나는 거기에서 겨울을 지내기로
작정하였습니다. 13 서둘러 주선하여 율법교사인 세나와 아볼
로를 떠나보내 주고, 그들에게 조금도 부족한 것이 없게 해주
십시오. 14 우리의 교우들도, 절실히 필요한 것을 마련하여줄
수 있도록, 좋은 일을 하는 데에 전념하는 것을 배워야 합니
다. 그래야 그들은 열매를 맺지 못하는 사람이 되지 않을 것입
니다.

15 ○ 나와 함께 있는 모든 사람이 그대에게 문안합니다. 믿음
안에서 우리를 사랑하는 사람에게 문안하십시오. 은혜가 여러
분 모두에게 있기를 빕니다.

빌레몬서

Philemon

빌레몬서를 읽는 독자들에게

복음으로 달라지는
그리스도인의 정체성

짧은 편지지만, 몇 가지 중요한 주제를 찾아볼 수 있습니다.
우선 그리스도인의 정체성에 관한 호소가 인상적입니다.
무엇보다 바울은 오네시모의 달라진 정체성을 토대로 호소합니다.
이제 그는 바울이 갇힌 중에서 낳은 아들,
곧 한 사람의 신자입니다.
그러니 오네시모는 그리스도 안에서 더 이상 종이 아니라,
사랑받는 형제로 대우받아야 합니다.

이 편지의 수신자들은 골로새에 있습니다. 이곳에 복음을 전하고 교회를 세운 사람은 바울이 아니라, 바울의 동역자 중 하나인 에바브라였습니다(골 1:7-8; 2:1; 4:12; 몬 1:23). 그래서 바울은 골로새의 복음화를 기뻐하며, 그곳의 신자들 역시 자신의 선교를 통해 회심한 사람들인 것처럼 생각합니다(골 2:1-3). 정확한 시기와 장소는 알 수 없지만, 에바브라는 현재 수감 상태인 바울을 방문해 골로새교회의 형편을 알려 줍니다. 이를 통해 교회 내의 복잡한 상황을 알게 된 바울은 자신의 조언을 담은 편지를 작성해 두기고 편으로 골로새교회에 보냅니다(골 4:7-8). 이때 빌레몬의 종이었던 오네시모를 함께 보내면서 빌레몬에게 따로 당부의 편지를 쓰는데, 이것이 바로 빌레몬서입니다.

그리스도인의 정체성에 관한 짧지만 깊은 글

빌레몬서는 바울의 편지 중 가장 짧지만, 어떤 편지들보다 더 흥미진진합니다. 오네시모는 빌레몬의 종이었지만, 지금은 바울과 함께 있습니다. 도망했다 바울을 만났을 수도 있고(전통적 견해), 중재를 호소하러 바울을 찾아온 것일 수도 있습니다. 그런데 그는 바울을 통해 예수님을 믿고 전혀 다른 사람이 됩니다(10절). 바울은 이 오네시모를 빌레몬에게 돌려보냅니다. 이 편지는 그리스도인이 되어 돌아오는 종 오네시모를 사랑으로 맞아달라는 간청의 편지입니다. 이것이 빌레몬서의 유일한 용건입니다.

짧은 편지지만, 몇 가지 중요한 주제를 찾아볼 수 있습니다. 우선 그리스도인의 정체성에 관한 호소가 인상적입니다. 무엇보다 바울은 오네시모의 달라진 정체성을 토대로 호소합니다. 이제 그는 바울이 '갇힌 중에서 낳은 아들', 곧 한 사람의 신자입니다(10절). 그러니 오네시모는 그리스도 안에서 더 이상 '종'이 아니라, '사랑받는 형제'로 대우받아야 합니다.

특별히 그를 믿게 한 바울에게도 그렇지만, 과거 인간적 주종 관계로 얽힌 빌레몬으로서는 더욱 그렇습니다(16절). '주 안에서' 그리고 '그리스도 안에서' 이루어진 빌레몬의 올바른 선택은 바울에게 큰 기쁨과 안도감을 가져다줄 것입니다(20절).

그래서 바울은 빌레몬의 '사랑과 믿음'을 상기시키며, 이번에도 그런 사랑과 믿음에 어울리는 선택을 해주기를 부탁합니다. 결코 쉬운 일은 아니지만, 바울은 그것이 그리스도인에게 어울리는 일이라고 호소합니다.

달라진 정체성, 개인의 변화와 관계의 변화로

오네시모의 달라진 정체성은 그의 구체적 변화를 통해 드러납니다. 아무 '쓸모없던' 그가 그리스도인이 된 후 바울과 빌레몬 모두에게 '유익한' 사람이 되었습니다(11절). 그를 향한 바울의 애정도 마찬가지 사실을 말해줍니다(12-13절). 이런 실질적인 삶의 변화는 관계의 변화를 주문하는 바울의 설득에서 가장 중요한 근거의 하나로 작용합니다.

권위와 호소 사이를 오가는 바울의 수사도 흥미롭습니다. 빌레몬서는 바울이 일방적으로 명령하고 순종을 기대해도 될 만한 사람에게 사랑으로 호소하는 이야기입니다(8, 21절). 많은 지도자들이 망각하는 사실이지만, 올바른 선택이라고 해서 강요할 수 있는 것은 아닙니다. 바울은 빌레몬의 승낙을 얻기 위해 호소합니다. 빌레몬의 아름다운 결정이 강요에 의한 억지가 아닌, 자발적인 선택이어야 하기 때문입니다(14절).

개인의 삶과 교회 공동체의 관계도 생각할 수 있습니다. 빌레몬이 현안의 직접 당사자지만, 바울은 의도적으로 그의 식구들과 교회 전체를 편지 수신자로 설정합니다(1-3절). 도망했던 종을 다시 맞이하고 그와 새로운 관계를 맺는 일은 두 당사자의 개인적 문제일 뿐 아니라 교회 전체의 문제이기도 합니다. 바울은 빌레몬을 위한 조언의 편지를 교회로 보냅니다. 그리고 빌레몬은 한 개인이 아니라, 교회의 지체로서 이 문제를 바라보게 될 것입니다.

짧지만 강렬한 이 편지를 통해 우리는 현실 속에서 작동하는 복음의 한 모습을 확인할 수 있습니다.

{ 제1장 }

인사

1 그리스도 예수 때문에 감옥에 갇힌 나 바울과 형제 디모데
가, 우리의 사랑하는 동역자 빌레몬과 2 자매 압비아와 우리
의 전우인 아킵보와 그대의 집에 모이는 교회에, 이 편지를
씁니다. 3 하나님 우리 아버지와 주 예수 그리스도께서 내려
주시는 은혜와 평화가 여러분에게 있기를 빕니다.

빌레몬의 믿음과 사랑

4 ○ 나는 기도할 때마다 그대를 기억하면서, 언제나 나의 하
나님께 감사를 드립니다. 5 나는 주 예수에 대한 그대의 믿음
과 모든 성도에 대한 그대의 사랑에 관하여 듣고 있습니다.

"그대의 집에 모이는 교회"(2절)는 어떤 교회를 말하는 건가요? 그때는 교회가 집에서 모이기도 했나요? 로마제국 당시 사회의 기본 토대는 '가정'이었습니다. 가장(paterfamilias)을 중심으로 어머니와 자식들, 그리고 하인이나 종, 고용된 일꾼들까지 포함될 수 있는 생활과 경제의 공동체였습니다. 당연히 초기의 교회 역시 이런 가정의 구조를 반영합니다. 모임이 이루어진 곳도 '집'이었습니다. 비교적 넓은 집을 소유한 사람이 '호스트'가 되어, 교회의 지도자 역할을 하는 경우가 많았습니다. '그대의 집에 모이는 교회'는 이 편지의 수신자인 빌레몬이 호스트가 되어 그의 집에서 모이던 '모임'을 가리킵니다. 여기서 '모임'(assembly)은 개인의 가정에서 모이던 각각의 모임을 일컫습니다. 아직은 '교회/모임'이라는 단어의 신학적 울림이 별로 없던 시기의 이야기입니다. 초기에도 공용 건물을 임대했을 가능성은 있지만, '집에서 모이는' 것이 전형적인 방식이었습니다. 최초의 교회 '건물'은 3세기 중엽 시리아 지역에 세워졌던 것으로 보입니다.

6 그대의 믿음의 사귐이 더욱 깊어져서, 우리 안에 있는 모든
선한 일을 그대가 깨달아 그리스도께 이르게 되기를 나는 기
도합니다. 7 형제여, 나는 그대의 사랑으로 큰 기쁨과 위로를
받았습니다. 성도들이 그대로 말미암아 마음에 생기를 얻었
습니다.

오네시모를 두고 선처를 부탁하다

8 ○ 그러므로 그리스도 안에서 나는 그대가 마땅히 해야 할
일을 아주 담대하게 명령할 수도 있지만, 9 우리 사이의 사
랑 때문에, 오히려 그대에게 간청을 하려고 합니다. 나 바울
은 이렇게 나이를 많이 먹은 사람이요, 이제는 그리스도를 전
하는 일로 또한 갇힌 몸입니다. 10 내가 갇혀 있는 동안에 얻
은 아들 오네시모를 두고 그대에게 간청합니다. 11 그가 전에

선처를 구하는 오네시모를 아들이라 부르며, 바울은 거절할 수 없을 정도로 간곡하게 부탁합니다. 한낱 종을 위해 이렇게까지 하는 이유는 무엇인가요? 구체적인 상황은 모호합니다. 오네시모는 빌레몬 소유의 노예였고(16절), 바울에게 왔으며, 바울에 의해 그리스도인이 된 후(10절), 다시 주인에게 돌아갑니다. 보통은 오네시모가 주인의 돈을 훔쳐 달아났다가 바울을 만나 회심했고, 바울은 그를 돌려보내며 빌레몬의 선처를 호소하는 것으로 추정합니다. 하지만 이 '재구성'은 어색한 대목이 많습니다. 아마 오네시모는 이유를 알 수 없는 어떤 일로 어려운 상황에 놓였고, 주인에게 영향력을 행사할 수 있는 친구에게 중재를 요청하러 바울에게 왔을 것입니다. 바울은 빌레몬에게 명령인 듯 명령 아닌 말투로, 심리적 호소까지 더해 부탁합니다. 그의 간곡함은 오네시모가 바울이 '투옥 중 낳은' 아들, 곧 신자가 된 사실과 관계가 있어 보입니다. 그래서 바울은 주인 빌레몬에게도 종이 아닌 형제로, 달라진 관계를 주문하며 그를 잘 영접해달라고 부탁합니다. 오네시모가 바울에게 유익한 사람이 되었다는 점도 간절함을 더하는 사실 중 하나입니다.

는 그대에게 쓸모없는 사람이었으나, 이제는 그대와 나에게
쓸모 있는 사람이 되었습니다. 12 나는 그를 그대에게 돌려보
냅니다. 그는 바로 내 마음입니다. 13 나는 그를 내 곁에 두
고 내가 복음을 위하여 갇혀 있는 동안에 그대를 대신해서 나
에게 시중들게 하고 싶었으나, 14 그대의 승낙이 없이는 아무
것도 하고 싶지 않았습니다. 나는 그대가 선한 일을 마지못해
서 하지 않고, 자진해서 하기를 원하기 때문입니다. 15 그가
잠시 동안 그대를 떠난 것은, 아마 그대로 하여금 영원히 그
를 데리고 있게 하려는 것이었는지도 모릅니다. 16 이제부터
는 그는 종으로서가 아니라, 종 이상으로 곧 사랑받는 형제
로 그대의 곁에 있을 것입니다. 특히 그가 나에게 그러하다
면, 그대에게는 육신으로나 주님 안에서나 더욱 그러하지 않
겠습니까?
17 ○ 그러므로 그대가 나를 동지로 생각하면, 나를 맞이하듯
이 그를 맞아주십시오. 18 그가 그대에게 잘못한 것이 있거
나, 빚진 것이 있거든, 그것을 내 앞으로 달아놓아 주십시오.
19 나 바울이 친필로 이것을 씁니다. 내가 그것을 갚아주겠
습니다. 그대가 오늘의 그대가 된 것이 나에게 빚진 것이라는

"바울이 친필로 이것을 씁니다"(19절)라는 말을 굳이 쓰는 까닭이 있나요? 바울은 자신이 일방적으로 명령하는 대신 형제로서 호소한다고 말합니다. 과거 오네시모가 빌레몬에게 어떤 식으로든 잘못을 했거나 빚을 졌다면(절도가 아니어도 종이 빚을 지는 일은 많았습니다), 바울 자신이 해결하겠다고 약속합니다. 이런 약속은 무익한 존재에서 유익한 존재로 변화된 오네시모에 대한 강력한 보증입니다. 그것도 '친필로 쓴' 보증서입니다. 이 대목만 친필인지 편지 전체가 친필인지는 알 수 없지만, 여기서 이 표현은 "내가 도장, 지장 다 찍었다"라는 말처럼 강력한 보증의 말입니다. 이 대목은 바울의 부탁이 쉽지 않은 것이었음을 알게 합니다. 노예가 아닌

사실을 나는 굳이 말하지 않겠습니다. 20 형제여, 나는 주님
안에서 그대의 호의를 바랍니다. 그리스도 안에서 나의 마음
에 생기를 넣어주십시오.
21 ○ 나는 그대의 순종을 확신하며 이 글을 씁니다. 나는 그
대가 내가 말한 것 이상으로 해주리라는 것을 압니다. 22 그
리고 나를 위하여 숙소를 마련해주십시오. 여러분의 기도로
내가 여러분에게 갈 수 있기를 바랍니다.

작별 인사

23 ○ 그리스도 예수 안에서 나와 함께 갇힌 에바브라가 그
대에게 문안합니다. 24 나의 동역자인 마가와 아리스다고와
데마와 누가도 문안합니다. 25 주 예수 그리스도의 은혜가
여러분의 영과 함께하기를 빕니다.

'사랑하는 형제'로 받아달라는 부탁의 구체적 의도는 알 수 없지만, 특정 노예를, 그것도 잘못을 저질렀을 수도 있는 노예를 '형제'로 대해달라는 부탁은 당시의 상식을 뛰어넘습니다. 하지만 이것이 복음의 실천적 함의이기도 합니다. 바울의 다양한 '읍소'는 사실 바로 이 점을 생각하라는 호소로 읽을 수 있습니다.

마태복음서 마태가 기록한 예수님의 삶과 가르침. 세금 징수원으로 일하다 부름을 받고 제자가 된 마태는 예수님의 중요한 행적과 가르침들을 낱낱이 기록으로 남겼다. 메시아가 나타나 새로운 나라의 임금이 되어 옛 영화를 되찾아주길 간절히 기다리던 유대인들에게 예수님이 곧 그분이라고 소개한다. 메시아가 임금이 되어 다스리는 나라는 어떤 모습일까? 마태의 눈을 통해 함께 들여다보자.

마가복음서 마가가 정리한 예수님의 삶과 가르침. 예수님께서 부활해 하늘로 올라가신 이후에 제자가 된 마가는 직접 그리스도를 따라다녔던 여러 선배들의 증언을 바탕으로 그 활동과 메시지를 정리했다. 예수님은 하나님의 아들이라고 단언하면서 그토록 고귀한 이가 섬기는 종의 모습으로 세상에 왔다고 설명한다. 주로 유대인과 로마인들을 겨냥해 구원의 소식을 전한다.

누가복음서 누가가 적은 예수님의 삶과 가르침. 의사였던 누가는 마치 기자처럼 예수님의 말과 행동을 상세히 기록한다. 인간 예수의 뒤를 따라가며 각종 사건과 발언들을 받아 적었다. 탄생, 어린 시절, 세례, 갖가지 비유와 기적, 죽음과 부활, 승천에 이르기까지 예수님께서 이 땅에 오셨다가 뜻을 이루고 다시 하늘로 올라가신 과정 전체를 이 책 한 권만 가지고도 넉넉히 살필 수 있다.

요한복음서 예수님을 따라다니며 큰 사랑을 받았던 제자 요한이 기록한 복음서. 앞의 책들과 마찬가지로 굵직굵직한 사건들과 중요한 메시지들을 다루지만, 다소 신학적이고 깊이 있는 설명을 덧붙이기도 한다. 예수님은 곧 하나님임을 강조하고, 그러기에 죄를 용서하는 권세가 그분에게 있다고 단언한다. 요한의 안내를 따라가노라면 예수님의 정체, 예수님께서 말씀하신 구원의 속성을 정확히 알 수 있다.

사도행전 부활한 예수님께서는 하늘로 올라가시고 제자들은 덜렁 이 땅에 남았다. 줄곧 예수님을 따라다니며 온갖 기적을 목격하고 그 메시지를 두 귀로 또렷이 들었지만, 막상 스승이 십자가에 달리게 되자 줄행랑을 쳤던 이들이었다. 그런데 어느 순간, 그

오합지졸들이 변해 죽음도 무릅쓰는 용사들이 되었다. 이들에게 무슨 일이 있었던 걸까? 이들은 어떻게 예수님의 메시지를 온 세상에 퍼트렸을까? 교회는 어떻게 태어나고 성장했을까? 사도행전은 그 비밀을 알려준다.

로마서 로마의 그리스도인들에게 보낸 바울의 편지. 구원의 메시지는 사방팔방으로 무섭게 퍼져나갔고 그리스도인의 숫자는 점점 더 불어났지만, 그와 함께 정리해야 할 신학적인 문제도 많아졌다. 뛰어난 전도자이자 신학자였던 바울은 구원이란 무엇이며 무엇으로 구원을 받는지, 하나님의 은혜는 어떤 역할을 하는지, 의로운 생활의 의미와 가치는 무엇인지 명쾌하게 제시한다.

고린도전서 고린도의 그리스도인들에게 보낸 바울의 첫 번째 편지. 고린도는 오늘날 뉴욕에 견줄 만한 대도시로, 살림이 풍요롭고 문화가 방탕하기로 소문이 자자했다. 이런 분위기는 교회 안에도 스며들어 고린도의 그리스도인 공동체는 갖가지 성적인 문제와 분열로 몸살을 앓았다. 바울은 이런 병폐들을 지적하면서 신앙의 본질과 질서를 지키며 은혜와 사랑에 기대어 살기를 촉구한다.

고린도후서 고린도의 그리스도인들에게 보낸 바울의 두 번째 편지. 서신을 보내 꾸짖고 타이르며 격려한 덕에 고린도교회의 형편은 한결 나아졌다. 하지만 여전히 바울의 지적을 불편하게 여기고 그 권위를 부정하는 지도자들도 있었다. 현지를 살피고 돌아온 제자들에게서 그 사연을 전해 들은 바울은 다시 편지를 보내 그들의 불평에 일일이 답하고, 마땅히 가야 할 길을 제시한다.

갈라디아서 갈라디아 지역의 교회에 보낸 바울의 편지. 일찍이 바울은 갈라디아 지방을 두루 다니며 그리스도의 메시지를 전했고, 수많은 사람들이 이를 받아들여 그리스도인이 되었다. 하지만 얼마 지나지 않아 거짓 선생들이 나타나 모세의 율법을 지키고 예식을 따라야 구원을 얻을 수 있다고 가르치는 바람에 큰 혼란이 일어났다. 정말 그럴까? 바울은 전혀 다른 답을 내놓는다.

에베소서 에베소의 그리스도인 공동체에 보낸 바울의 편지. 같은 복음을 듣고 교회를 이루었지만, 유대인과 이른바 이방인들 사이에는 미묘한 생각의 차이가 존재했다. 바울은 그리스도를 통해 이미 한 몸이 되었으므로 구별은 무의미하며, 교회는 사랑의 원리로 움직여야 한다고 설명한다. 아울러 그리스도인으로 이 세상을 살아갈 힘의 원천이 무엇이며 어떤 무장을 해야 하는지 가르친다.

빌립보서 바울이 유럽에 세운 첫 번째 공동체인 빌립보교회에 보낸 편지. 옥에 갇힌 바울은 빌립보의 그리스도인들이 보낸 선물을 받고, 감사의 뜻과 아울러 격려를 아끼지 않는다. 그리스도를 본받아 겸손한 마음가짐으로 서로 사랑하고 세워주며 하나님의 의로움을 드러내라고 권하는 한편, 종착점에 이르기까지 달음박질을 멈추지 말라며 기운을 북돋운다.

골로새서 바울이 이단에 시달리고 있는 골로새교회에 보낸 편지. 골로새의 그리스도인들은 유대교를 비롯한 동방의 다양한 종교들이 뒤섞인 특이한 사상의 영향을 받고 있었다. 바울은 이들에게 예수 그리스도는 어떤 분이며 어떤 일을 하셨는지, 그 안에서 산다는 게 무슨 의미인지, 그 생명을 품은 이로서 어떻게 세상을 살아야 할지 이야기한다.

데살로니가전서 바울이 데살로니가교회에 보낸 첫 번째 편지. 데살로니가교회는 세워진 지 얼마 되지 않아 아직 단단히 여물지 않은 상태였다. 밖으로는 심한 박해에 시달리고, 안으로는 재림을 둘러싼 의문이 깊었다. 이를 전해 들은 바울은 한편으론 식구들을 격려하고, 다른 한편으로는 예수님께서 어떤 모습으로 세상에 다시 오실지, 그때 살아 있는 또는 세상을 떠난 그리스도인들은 어떻게 그분과 함께하게 될지 설명한다.

데살로니가후서 바울이 데살로니가교회에 보낸 두 번째 편지. 첫 번째 편지로는 하고 싶은 말을 다 하지 못했다고 생각했던 걸까? 바울은 다시 서신을 보내 주님이 틀림없이 다시 오셔서 세상을 심판하신다고 강조한다. 아울러 데살로니가의 그리스도인들을 위로하고 용기를 북돋우며, 낙심하지 말고 선한 일을 하라고 권한다.

디모데전서 바울이 '아들'이라고 부를 만큼 아끼고 신뢰하는 제자 디모데에게 보낸 첫 번째 편지. 에베소에서 그리스도인들을 돌보고 있는 디모데에게 바울은 거짓 선생들과 거짓 가르침을 경계하며 기도하고 예배에 힘쓰길 당부한다. 또 한편으로는 여러 교회의 직분을 열거하면서 어떤 자격을 갖춘 인물들이 그 자리를 맡아야 하는지 설명한다.

디모데후서 삶의 마지막 시기를 마주한 바울이 사랑하는 제자 디모데에게 보낸 두 번째 편지. 바울은 디모데를 향한 따듯한 마음을 솔직하게 표현하면서 어서 와 자신을 만나달라고 부탁한다. 그러면서도 스승다운 면모를 잃지 않은 바울은 타락한 세상을 살더라도 은혜로 굳세져서 고난을 달게 받으며 살림살이에 얽매이지 말고 말씀을 선포하라고 훈계한다.

디도서 바울이 자신을 통해 예수님을 믿고 교회의 지도자가 된 디도에게 보낸 편지. 바울은 크레타 섬에서 활동하고 있는 디도에게 하나님의 말씀에는 거짓이 없음을 강조하고, 어떤 인물들을 리더로 세워야 하는지 설명하면서 선한 말과 행동의 모범이 되길 당부한다.

빌레몬서 바울이 부유한 그리스도인 빌레몬에게 보낸 편지. 희한하게도 달아난 노예 오네시모를 관대하게 처분해달라는 부탁을 담고 있다. 로마법대로라면 마땅히 사형감이지만 자비를 베풀라고 권한다. 노예의 빚을 자신이 갚아주겠다고 약속까지 한다. 목숨으로 갚아야 할 죄를 지은 죄인의 편에 서서 변호하며, 대신 짐을 지겠다는 바울의 모습. 어디서 많이 보던 장면이지 않은가?

히브리서 유대인 그리스도인들에게 예수님이야말로 구약성경이 줄곧 예언해온 바로 그 메시아이며 구원을 이루실 분임을 설명하는 편지. 서신의 형식을 띠고 있지만, 누가 누구에게 보낸 글인지를 두고는 의견이 분분하다. 제사장, 언약, 희생제물, 멜기세덱 등등 유대인들에게 익숙한 개념을 동원해 구원의 진리를 설파하면서, 예수님을 신뢰하며 소망하라고 가르친다.

야고보서 예수님의 동생 야고보가 곳곳에 흩어져 살고 있는 유대인들을 염두에 두고 쓴 편지. 핍박과 시련 속에서 믿음을 가지고 인내하는 삶을 이야기한다. 말, 인간을 대하는 태도, 한결같은 마음가짐, 말씀에 따라 사는 그리스도인의 행동 양식에 관한 가르침이 상당 부분을 차지한다. 믿음과 행위가 구원과 어떻게 연결되는지에 관해서도 관심을 둔다.

베드로전서 예수님의 제자 베드로가 박해를 당하는 그리스도인들에게 보낸 첫 번째 편지. 교회가 막 세워져갈 무렵, 그리스도인이 된다는 건 엄청난 핍박과 시련을 감수해야 하는 모험이었다. 그럼에도 불구하고 예수님의 뒤를 따르기로 작정한 그리스도인들에게 베드로는 뜻밖의 위로와 격려를 전한다. 언젠가 고달픈 세월이 닥치겠지만, 하나님은 어김없이 약속을 지키는 분이므로 그분을 바라보고 불같은 시련을 견디라는 것이다. 심지어 고난을 영광스럽게 여기라고 권한다.

베드로후서 베드로가 같은 뜻으로 예수 그리스도를 따르는 동료 그리스도인들에게 보낸 두 번째 편지. 세상을 떠날 날이 멀지 않았음을 감지한 베드로는 예수의 복음이 얼마나 진실하고 확실한지 다시 한번 강조한다. 아울러 거짓 예언자와 교사들의 속임수에 넘어가지 말고, 반드시 다시 오신다는 그리스도의 약속을 바라보라고 가르친다.

요한1, 2, 3서 예수님의 제자 요한이 거짓 가르침들을 경고하고 대처하기 위해 교회에 보낸 편지들. 요한1서는 하나님을 빛에 빗대면서 그 아들 예수님을 통해서만 빛 가운데 살아갈 수 있음을 분명히 한다. 사랑이야말로 빛의 자녀들의 증표라고 못 박고, 하나님께서 우리를 사랑하신 것처럼 서로 사랑하며 순종으로 그 사랑을 드러내 보이라고 명령한다. 요한2서는 속이려 드는 자들이 세상에 허다함을 지적하고, 그런 자들과는 단호하게 거리를 두라고 요구한다. 요한3서 역시 앞의 편지들과 맥락을 같이하면서 선한 것을 본받으라고 권면한다.

유다서 예수님의 형제 유다가 교회에 보낸 편지. 몰래 스며든 거짓 선생들이 그릇된 가르침을 퍼트리고 있음을 알게 된 유다는 곧바로 강력한 경계경보를 발령한다. 참 진리를 다시 한번 상기시키고 거짓말을 일삼는 교사들을 맹렬히 비난하면서, 믿음을 터로 삼으라고 주문한다.

요한계시록 장차 닥쳐올 세상과 관련한 하나님의 계시. 밧모 섬에서 귀양살이를 하던 사도 요한은 어느 날 엄청난 환상을 보고 그 내용을 고스란히 글로 옮겼다. 사탄과 악이 하나님의 손에 완전히 소멸되고 새 하늘과 새 땅이 열리는 거대한 환상이었다. 창세기에서 시작된 성경의 메시지는 마침내 종결되고, 승리의 노래가 울려 퍼진다. 독특한 상징과 이미지로 숱한 예술작품의 모티브가 된 이 기묘한 책 속으로 조심스럽게 들어가 보자.

Bible in Hand | 교양인을 위한 성경

Bible in Hand | 교양인을 위한 성경 시리즈는 성경 원문의 뜻을 우리말 어법에 맞게 정확하게 번역한 〈성경전서 새번역〉 본문과 해제로 구성되어 있다. 성경을 읽으면서 생기는 질문에 답을 주는 질문과 해제 부분의 경우, 구약은 김근주 교수(기독연구원 느헤미야), 신약은 권연경 교수(숭실대 기독교학과)가 성경을 읽어가는 재미와 정보의 길안내를 맡았다.

구약

세상의 모든 처음

창세기 | 248p | 11,000원

영광의 탈출, 새로운 삶을 향하여

출애굽기 | 212p | 11,000원

시민의 조건

신명기 | 200p | 15,000원

선택, 어느 편에 설 것인가?

여호수아기 · 사사기 · 룻기 | 278p | 15,000원

왕국의 출발, 왕의 조건을 묻다

사무엘기(상 · 하) | 316p | 19,000원

**하나님 없는 세상에서
하나님과 함께 살아가기**

에스라기 · 느헤미야기 · 에스더기 | 192p | 9,000원

마음의 끝에서 부르는 새 노래

시편 | 358p | 19,000원

지혜와 삶과 사랑

잠언 · 전도서 · 아가 | 192p | 8,500원

어둠을 딛고 빛을 읽다

이사야서 | 278p | 15,000원

BIBLE in Hand 교양인을 위한 성경

살며, 사랑하며, 지키며

신약 | 에베소서 · 빌립보서 · 골로새서 · 데살로니가전후서 · 디모데전후서 · 디도서 · 빌레몬서

1쇄 발행일 2022년 11월 22일

펴낸이 최종훈
펴낸곳 봄이다 프로젝트
등록 2017-000003
주소 경기도 양평군 서종면 황순원로 414-58 (우편번호 12504)
전화 02-733-7223
이메일 hoon_bom@naver.com

책임편집 이나경 박준숙
디자인 designGo
표지 이미지 shutterstock
인쇄 SP

ISBN 979-11-92240-04-6
값 15,000원